LES RÉCLAMATIONS CLIENTS

Éditions d'Organisation
Groupe Eyrolles
61, bd Saint-Germain
75240 Paris Cedex 05

www.editions-organisation.com
www.editions-eyrolles.com

Philippe DÉTRIE

LES RÉCLAMATIONS CLIENTS

Troisième édition

EYROLLES

Éditions d'Organisation

Remerciements

Le livre *Les réclamations clients* a été édité en janvier 2001, puis réimprimé en juin 2004. Cette nouvelle version a été entièrement remaniée grâce à trois apports :

1. La création de l'Association pour le MAnagement de la Réclamation Client (www.amarc.asso.fr). L'Amarc a été créée en 2004 à l'initiative d'Inergie par dix entreprises fondatrices : Accor, Air Liquide, Disney, IGN, Immobilière 3F, Inergie, LeasePlan, Norauto, Renault, UCPA. Ses objectifs sont la professionnalisation de ses membres, le partage des bonnes pratiques, le développement des recherches et d'études, la création d'un réseau et la promotion de la profession en France. L'Amarc en 2007 regroupe 200 entreprises dont plus de la moitié appartenant au CAC 40. Je voudrais remercier chaleureusement les trois piliers de cette belle aventure qui ont accepté les responsabilités bénévoles d'en assurer le bureau :

   – Chantal Tryer, présidente, directeur des services clientèle d'Accor Hôtels ;

   – Stéphane Bourrier, secrétaire général, directeur qualité de l'UCPA ;

   – Frédéric Maureau, trésorier, directeur de la relation client d'Immobilière 3F.

   De nombreux emprunts de qualité provenant de groupes de travail, de formations et de conventions que l'auteur a animés sont intégrés dans cette nouvelle version. Plus particulièrement, nous ferons souvent référence à la première cartographie des Services Réclamation Client en France réalisée par l'Amarc en septembre 2006 : 58 adhérents ont répondu à une enquête de 56 questions. Les réponses ne sont statistiquement pas représentatives de la profession, mais restent assez fiables pour être citées comme ordre de grandeur et illustration.

2. L'expérimentation en 2006 de la démarche de dynamisation par l'OPAC du Grand Lyon. Que Luc Achard et Béatrice Coulas, respectivement directeur du développement interne et responsable du service relation clients, reçoivent ma gratitude pour leur confiance. Et merci pour le partage d'expérience avec leur équipe relation clients qui a permis d'illustrer ce livre de situations vécues : Colette Batabatian, Franck Cisterne, Marie-Laure Danielou, Karine Eonga, Carole Gelin, Pierre-Eric Guttin-Lombard, Sophie Honorel, Nora Kammoussi, Mima Koeune et Fabien Lee.

3. La coopération d'Antoinette de Dinechin, Laurence Hürstel, Marie-Louis Jullien, Anne-Marie Lemasle, Magalie Millet et Philippe Pouget, tous d'Inergie, cabinet de conseil en management et communication, et de mon fils Pierre diplômé du barreau de New York pour ses apports éclairés concernant la partie juridique.

Que chacun soit ici très chaleureusement remercié d'avoir contribué à mener à bien cette entreprise. Toutes ces personnes ont largement participé à la professionnalisation de cet ouvrage.

Réellement un grand merci.

Sommaire

1
QU'EST-CE QU'UNE RÉCLAMATION CLIENT?

2
POURQUOI SE PRÉOCCUPER DES RÉCLAMATIONS CLIENTS?

3
LES SEPT ÉTAPES D'UN PROCESSUS DE TRAITEMENT
DES RÉCLAMATIONS CLIENTS

4
SAVOIR RÉPONDRE À UNE RÉCLAMATION

5
PROFESSIONNALISEZ VOTRE TRAITEMENT DES RÉCLAMATIONS

© Groupe Eyrolles

ANNEXES

Avant-propos

Le terme «entreprise» regroupe toute société ou établissement quelle que soit leur forme juridique, les collectivités, les organismes publics et non gouvernementaux, les coopératives, mutuelles, associations, fondations, instituts…

Les initiales SRC indiquent le Service Réclamation Client ou la structure en charge du management des réclamations dans l'entreprise : une entité ou une personne à temps plein ou à temps partiel en fonction principalement du flux de réclamations.

Introduction

Heureux êtes-vous : le marché de la réclamation est le marché en pleine explosion. C'est le marché d'avenir. Vous êtes sur un des créneaux les plus porteurs, encore plus vigoureux que ceux de la téléphonie, de la santé ou de l'Internet. Pourquoi ? Parce que quel que soit le point de vue duquel on se place (comportemental, politique, économique, législatif, sociétal, culturel, technologique ou institutionnel), la réclamation client est devenue une «matière première» en très forte croissance, à l'opposé de l'extinction ou de la raréfaction, pour huit raisons : elle est naturelle, autorisée par les démocrates, dynamisée par l'exigence client, protégée par la loi, encouragée par les médias, aimée des Français, facilitée par l'Internet et crainte par l'entreprise.

La réclamation, réaction tellement naturelle

La réclamation est innée. Elle est inhérente à l'individu, elle n'est en rien une invention qui pourrait être sujette à quelque mode éphémère. Son ancrage historique se vérifie par la première définition du mot réclamer : implorer une aide divine.

Le romancier Christian Bobin dans son livre *Le Très-Bas* [1] parle du «premier savoir du nouveau-né, unique possession du prince à son berceau : le don des plaintes, la réclamation vers l'amour éloigné, les hurlements à la vie trop lointaine...». Son caractère naturel la rend inépuisable car chaque être est un réclamant dès la naissance. Et l'âge ne fait rien à l'affaire... Rappelons la formule célèbre d'Henri Rochefort qui quitte *Le Figaro* en 1868 pour créer *La Lanterne*. Le premier numéro, tiré à quinze mille exemplaires, est un succès inespéré. Sa manchette fait le tour de Paris : «La France a (...) trente-six millions de sujets, sans compter les sujets de mécontentement [2].»

---

1. Christian Bobin, *Le Très-Bas,* Gallimard, 1995.
2. *La Lanterne*, 1er numéro, 1er juin 1868.

Tout spécialiste de la réclamation se réjouira de l'immensité du gisement. Le calcul est simple :

- 6,6 milliards de personnes vivent dans le monde ;
- chacun réclame en moyenne au moins une fois par jour (moins confinerait à la sainteté) ;
- l'espérance de vie moyenne est de 70,5 ans (80 ans en France) ;
- le nombre de réclamations s'élève *a minima* à 170 000 000 000 000 par jour !

Et c'est sans compter, comme on le verra, que pour une réclamation émise, neuf restent non formulées. On pourrait sereinement ajouter un zéro si on savait prononcer cette somme astronomique...

Un citoyen plus lucide et conscient de ses droits

Si réclamer signifie demander comme juste, il est bien clair que l'existence de la réclamation est conditionnée par celle d'une justice et d'une liberté d'expression. Or nous vivons en démocratie : réclamer n'est plus un délit, c'est devenu un droit. Aujourd'hui, le citoyen beaucoup mieux informé ne craint plus de réclamer. Il n'accepte plus d'être trompé.

La réclamation, si elle n'a pas encore acquis ses lettres de noblesse, a dorénavant droit de cité. On ne pouvait pas en dire autant auparavant. Hier, réclamer c'était désobéir, c'était remettre en cause ce que le roi ou l'Administration avait décidé pour vous, c'était faire preuve d'ingratitude. Les conséquences étaient terribles : la disgrâce, puis la censure, ensuite l'exil ou l'emprisonnement, voire l'élimination quand il ne s'agissait pas d'épuration.

Heureusement la démocratie progresse. En 1985 on comptait 67 pays sous un régime autoritaire (45 % de la population mondiale), ils ne sont plus aujourd'hui que 26 (30 %). Nous assistons à un progrès moral, modeste mais réel : la culture des droits de l'homme et des droits sociaux se développe modérément, la torture et l'esclavage régressent, la guerre est délégitimée comme unique moyen naturel de régler les conflits. C'est le commencement de la fin de l'assujettissement, non moins ancestral, des femmes : la moitié de l'humanité s'émancipe de l'autre moitié.

Il est sûr que le progrès est chaotique. Allons-nous revenir en arrière ? Le philosophe Gilles Lipovetsky répond : « Le danger à venir réside moins dans l'effondrement des démocraties politiques que dans leur harcèlement par des minorités dangereuses[1] ». Deux bonnes nouvelles car on sait caricaturalement que la majorité c'est ce qui n'intéresse personne et que la minorité c'est ce qui intéresse tout le monde : la démocratie nous permettra toujours de réclamer et les réclamations des minorités seront de plus en plus relayées.

Enfin, la démocratie progressant bon gré mal gré sur cette terre, le marché de la réclamation s'ouvre à la mondialisation. Belle perspective de déploiement pour des experts de la réclamation…

Un client roi, puis dictateur

Le client a raison de demander l'impossible, le marché le lui donne. La plupart de nos marchés sont saturés : le monde économique joue à guichets fermés, hors innovations et nouveautés. Les produits et services se ressemblent, les niveaux de qualité se rapprochent, l'offre se banalise, le jeu économique devient à somme nulle. On ne peut prendre que chez le concurrent. La fidélisation devient un enjeu plus important que la conquête. Les éleveurs prennent le pas sur les chasseurs !

Le client lui aussi est saturé : il a l'embarras du choix devant une sollicitation permanente qui accroît son infidélité. Il devient résistant, volatil, nomade, passe d'une tribu à une autre. Le citoyen consommateur est à la fois plus avisé, plus prudent et plus zappeur. Son attachement aux marques décline, sa capacité à comparer les promesses se renforce. Il est plus libre par rapport à l'offre, moins fidèle et surtout très méfiant. Son référentiel devient *le best in class* , la performance s'étalonne dorénavant à un niveau mondial. Toute prestation inférieure est source potentielle de réclamation.

Face à cette double saturation, que peut faire une entreprise ? La réponse réside dans la personnalisation de la relation, comme le montre l'évolution du marketing qui a successivement décliné le *one-to-many, one-to-few* pour aboutir au *one-to-one* avec l'importance aujourd'hui du *data-mining*. Place à l'individualisation qui assouvit le besoin de reconnaissance du client. Un nouveau lexique : « customisation », « narcissisation » « égologie », « tout à l'ego »… démontre que le « client-moi » a pris de l'assurance vis-à-vis de l'entreprise. Le savoir-faire différenciateur porte désormais sur la qualité de la relation.

---

1. *In Le bonheur paradoxal*, Gallimard, 2006.

Résultat : puisque le marché l'autorise, le seuil de déclenchement d'une réclamation s'abaisse. On peut réclamer pour trois fois rien. D'autant que dans l'immense secteur des services, la prestation est difficilement vérifiable. Et le client, flatté par la ronde de ses fournisseurs, n'hésite plus. Il réclame de plus en plus.

L'émergence d'une «consocratie»

«Nous entrons dans l'ère de la *consumer democracy*» dit Sergio Zyman, le patron marketing de Coca-Cola. Le réclamant est aujourd'hui conforté par la loi et par les associations de consommateurs.

Le droit à la consommation protège le consommateur : la société se judiciarise. Les expertises contradictoires se multiplient. Les actions collectives (*class actions*) ne demandent qu'à être légalisées en France, mais les enjeux politiques et financiers freinent les protagonistes. Les assureurs ont calculé que leur application dans notre pays coûterait un milliard de dollars et ferait subir une inflation moyenne de 20 % des primes de responsabilité civile des entreprises. Malgré la pression des lobbies patronaux et la crainte de dérives à l'américaine, l'adoption d'un texte reste néanmoins inéluctable. Le président de ConsoFrance, fédération qui regroupe neuf associations de consommateurs, déclare : «Les autres pays ont compris que la consommation et donc la confiance des consommateurs étaient le nerf de la croissance. En France, nous allons être les derniers à protéger nos consommateurs par les *class actions* [1] ! »

Aujourd'hui, ceux qui défendent le mieux les consommateurs sont dans l'ordre (et loin devant) les associations de consommateurs, puis les administrations de contrôle et de répression des fraudes, la réglementation, les médias, les tribunaux et en dernier, les services consommateurs des entreprises...

Les associations de consommateurs jouent dorénavant un rôle de contre-pouvoir, très bien perçu par l'opinion publique. Le nombre d'abonnés à *UFC Que choisir* dépasse les 400 000. Le guide des associations de consommateurs, réalisé dans un élan œcuménique par *60 millions de consommateurs* , souligne la diversité et la richesse du consumérisme français à travers dix-huit associations agréées.

---

1. *In Le nouvel Économiste* du 1er au 7 mars 2007.

Chacun connaît aussi la DGCCRF (Direction Générale de la Concurrence, de la Consommation et de la Répression des Fraudes) qui exerce au sein du ministère de l'Économie, des Finances et de l'Industrie, trois missions :

- la régulation concurrentielle ;
- la protection économique du consommateur ;
- la sécurité du consommateur.

Son pouvoir de sanction est craint de nombreux acteurs économiques, qu'ils soient entreprises privées ou collectivités locales.

Ce qui fait que le consommateur pose dorénavant ses conditions. Il se déclare l'égal des figures de l'autorité. C'est lui qui détient le pouvoir de faire exister une entreprise, un parti, une association, un média... L'étude conduite par Ipsos le reflète bien dans ses conclusions : « Le Français devient infidèle dans ses habitudes de consommation de produits et de services comme dans sa consommation de vote et de médias[1]. »

Nous sommes dans un modèle horizontal (plus du tout hiérarchisé), de parité, d'autonomie, à la carte. Conséquence : nous, citoyens, revendiquons le droit de parler d'égal à égal avec les entreprises.

Des médias qui adorent dénoncer

Aujourd'hui, notre monde est plus affectif que rationnel. L'opinion l'emporte bien souvent sur la pensée. Le titre du *Financial Times* évoquant les drames des marées noires est très explicite : « When Emotion Rules The Law » (Quand l'émotion fait la loi). L'objet n'est pas de savoir si le tanker était bien piloté, bien entretenu, bien assuré, bien audité... C'est de dire qui va payer les dégâts. Ils sont tels que la compagnie pétrolière prise dans le collimateur de la vindicte médiatique aurait dû financer la remise en état sous peine de passer pour pingre et sans cœur. L'opinion publique attend plus que la légalité. La raison ne l'emporte plus d'elle-même, et nous savons bien que nombre de bonnes idées se condamnent d'elles-mêmes, faute d'être bien vendues et « packagées ».

Les journalistes, atteints du syndrome du Watergate, cherchent avec acharnement quelquefois ce qu'ils peuvent dénoncer ou exacerber. Une justice parallèle s'appuyant sur cette nouvelle démocratie médiatique se met en œuvre avec des grands « consocrates » comme Julien Courbet. Les *talk-shows* privilégient

---

1. Ipsos, *France 2006, société sans mercis*, 2006.

des bribes de conversations qui, si elles sont authentiques, ne sont pas représentatives. Les débats sont focalisés sur ce qui fâche, les stars ne sont plus les personnes interviewées mais les interviewers qui deviennent des faiseurs (d'opinion). Le monde à l'envers… Seule la caisse de résonance compte : l'audience.

Le fait est qu'aujourd'hui les médias, méritant mieux que la place de quatrième pouvoir sur l'échelle de l'influence, encouragent à réclamer sur tout. Le rôle du journaliste défenseur des petits lésés est 100 % gagnant puisqu'un individu, comme une minorité, est au départ toujours crédité d'un *a priori* favorable dans la mesure où il s'oppose en victime à plus fort que lui.

Une culture française gourmande de critique

Reconnaissons aussi que le Français est champion du monde de la critique. Le nombre d'adjectifs pour le qualifier est incroyable : contestataire, opposant, plaintif, rouspéteur, frondeur, protestataire, rebelle, révolté, réfractaire, moqueur, narquois, espiègle, daubeur, atrabilaire, grincheux, geignard, grognard, grognon, ronchon, râleur, railleur, frondeur, hargneux… L'auteur se souvient du départ d'Istanbul un dimanche soir de trois avions pour Paris, Londres et Stuttgart. La caricature était affligeante : les Français avaient envahi le comptoir, râlaient, criaient au scandale, laissaient entendre qu'ils connaissaient beaucoup de directeurs influents de la compagnie aérienne, menaçaient d'écrire à toutes les associations de la terre… Les Allemands eux attendaient disciplinés dans une file d'attente respectée par chacun… Quant aux Anglais, ils étaient tous partis au bar attendre que l'aéroport se décongestionne naturellement. Trouvez l'erreur…

Il faut dire que l'école nous a plus appris le sens critique que l'action. Louis Pasteur qui en 1888 déclarait : « Ayez le culte de l'esprit critique[1] » a été entendu.

Résultat : nous sommes un pays de « sachants à qui on ne la fait pas… ». La tradition de la philippique, de la contradiction, du débat est valorisée par nos plus grands écrivains. Les citations affluent. Beaumarchais déclare : « Sans la liberté de blâmer, il n'est point d'éloge flatteur[2] ». Alfred de Vigny écrit : « Notre nation

---

1. Discours d'inauguration de l'Institut, 14 novembre 1888.
2. *Le Mariage de Figaro*, acte V, scène III, 1784.

est légère et taquine. Elle ne veut laisser tranquille aucune supériorité[1].» Camus signe : «Je me révolte, donc je suis[2]». Et Proust propose ce trait superbe : «Un milieu élégant est celui où l'opinion de chacun est faite de l'opinion des autres. Est-elle faite du contre-pied de l'opinion des autres? C'est un milieu littéraire[3].» Ceci laisserait-il entendre que l'intelligentsia éblouit plus qu'elle n'éclaire?

La réclamation s'intègre à part entière dans notre patrimoine culturel de l'esprit critique. Il est vrai que : «La critique est aisée, et l'art est difficile[4].» Le Français aime bien dire qu'il n'est pas d'accord ou qu'il est d'accord, mais… L'indépendance d'esprit est recherchée dans notre pays et on sait qu'elle se manifeste d'abord par un non. Edgar Morin écrit : «Nous vivons une période de crise du futur dans toutes les sociétés. Nous la traversons ici dans l'apathie, le découragement et la rouspétance[5].»

Dernière citation s'il en fallait pour souligner notre appétit de différence, celle de Charles de Gaulle : «Et puis comment voulez-vous que les Français s'entendent dans un pays où il y a 270 sortes de fromages[6]?»

En France, la critique rassemble plus que l'éloge. Quel terreau fertile pour un spécialiste qui vit de la réclamation!

Internet, un «pousse-au-cri» permanent

Internet, ce nouveau sésame de la communication et de la connaissance, non seulement crée des acheteurs sans état d'âme, mais facilite et favorise la réclamation. Le monde vit dans l'instantanéité, dans l'accès direct, au rythme de la vitesse ADSL. Aucune organisation ne peut réagir aussi vite qu'un individu ou même qu'un collectif spontané : la facilité d'usage, la puissance d'émission et la rapidité de transmission donnent à tout individu connecté une formidable capacité de nuire. Un petit groupe aujourd'hui peut faire chavirer des colosses

---

1. *Journal d'un poète*, 1839.
2. *L'Été*, 1954.
3. *Les Plaisirs et les Jours*, 1896.
4. Des pièces de Philippe Néricault, de son nom de scène Destouches, on ne se souvient plus guère aujourd'hui que de trois vers devenus expressions proverbiales : «Les absents ont toujours tort.» (*L'obstacle imprévu*, acte I, scène VI); «La critique est aisée, et l'art est difficile.» (*Le Glorieux*, acte II, scène V); «Chassez le naturel, il revient au galop.» (*Le Glorieux,* acte III, scène V).
5. *In Les Échos* du 12 janvier 2007.
6. Charles de Gaulle, *Traits d'esprit*, J'ai Lu, 2003.

économiques (Enron, Arthur Andersen…) ou politiques (attentats du 11 septembre 2001 aux États-Unis).

En fait, la prise de pouvoir de l'individu déstabilise tous les pouvoirs traditionnels. Avec un simple clic, chacun peut comparer toutes les offres, ouvrir un blog ou un site pour donner son avis sur l'état du monde comme sur ses états d'âme, et critiquer totalement impunément tout et n'importe quoi. N'importe qui peut ameuter l'opinion publique : un petit coup de *buzz* et l'image de l'entreprise est touchée (heureusement pas toujours coulée…). Le Web, la « blogosphère », le *buzz* constituent une réelle menace pour les entreprises car ils agissent comme un « court-circuit des institutions[1] » selon l'expression de Dominique Wolton.

Ajoutons l'accroissement plus que rapide du nombre de personnes connectées et l'abondance du gratuit illimité, le réclamant est définitivement le roi d'un XXIe siècle électronique. La menace est virtuellement derrière chaque ordinateur.

Face à tous ces opposants qui ne sont pas que virtuels et qui constituent un véritable banc d'anguilles d'une incroyable mobilité, les entreprises sont fragiles.

Des entreprises fragiles face aux réclamations

Une réclamation peut mettre en jeu brutalement la réputation d'une entreprise. Il faut 10 ans et 1 001 actions pour construire une image, 10 secondes et 1 réclamation pour la détruire. Et quand la réclamation soulève une malversation, les exemples récents comme Buffalo Grill, Enron ou Arthur Andersen montrent la violence des dommages directs d'une contestation.

Il faut dire qu'il est tentant de s'attaquer à l'entreprise : c'est la seule institution en bonne santé. Les piliers traditionnels de la société se lézardent : famille, patrie, religion, idéologies politiques… C'est l'institution qui monte : le pays est régionalisé, la famille éclatée, la religion en moindre pratique, l'État ringardisé au regard de la mondialisation. Seul le politique pourrait se prévaloir de détenir du pouvoir. Mais les faits s'imposent. Deux mouvements irréversibles consacrent dorénavant la domination des entreprises sur les nations : leur puissance économique et leur internationalisation :

---

1. *In Le nouvel Économiste* du 8 au 14 février 2007.

- l'entreprise est (très) riche. Les chiffres d'affaires des cinq plus grosses entreprises mondiales équivalent aux PNB des 46 pays les plus pauvres ! Deux autres illustrations : parmi les 100 plus grosses puissances économiques de la planète, on compte seulement 49 États pour 51 entreprises ! Le chiffre d'affaires du groupe américain spécialisé dans la grande distribution Wal-Mart (351 milliards de dollars pour l'exercice 2006) dépasse largement les 260 milliards des PIB de l'Autriche, de la Suède ou de la Suisse.

- l'entreprise est mondiale car l'économie est aujourd'hui mondiale, mais le politique est resté national. Même si l'Europe bégaie son avancement, le recul des États s'impose progressivement. Territoires et frontières s'estompent. Le cadre étroit de l'État-nation s'avère trop étriqué. La logique verticale du territoire cède à la logique horizontale du commerce international. L'histoire de l'architecture épouse d'ailleurs cette évolution. Les constructions les plus imposantes ont été religieuses, puis gouvernementales ; aujourd'hui ce sont les sièges sociaux des entreprises qui dessinent le paysage architectural.

L'entreprise est dorénavant exposée à une dimension publique : elle n'est plus face à son marché, elle est face à la société. Elle n'est anonyme ou à responsabilité limitée que dans ses dénominations car elle peut être attaquée à tout moment. Dans un monde de communication à haut débit, l'entreprise se doit d'être à haut crédit, question de réputation.

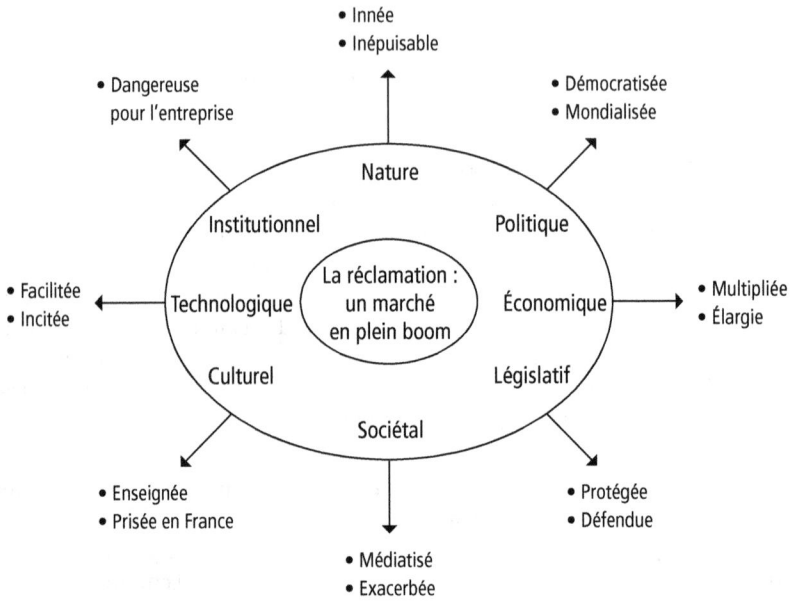

1

QU'EST-CE QU'UNE RÉCLAMATION CLIENT ?

1. Définitions et caractéristiques
2. L'émetteur
3. La nature

Le réclamant n'est pas un pestiféré. De la même façon que le monde a découvert au XIXe siècle que les Noirs avaient une âme, en 1946 (droit de vote) que les femmes pouvaient penser par elles-mêmes, dans les années 1980 que les ouvriers pouvaient avoir des idées, l'entreprise découvre que les réclamants sont leur meilleure source de progrès. La prise de conscience commence !

1 Définitions et caractéristiques

1. Dictionnaires

Petit Robert

- Réclamation = action de réclamer, de s'adresser à une autorité pour faire reconnaître l'existence d'un droit.
- Réclamer = demander avec insistance, comme dû, comme juste.
- Clamer = manifester (ses sentiments, ses convictions) en termes violents, par des cris.

Larousse

- Réclamation = action de réclamer, de revendiquer ou de protester.
- Réclamer = demander avec insistance; nécessiter, avoir besoin de; faire une réclamation, protester.

2. Définitions officielles

Norme ISO 10002:2004

« Toute expression de mécontentement adressée à un organisme, concernant ses produits ou le processus même de traitement des réclamations, duquel une réponse ou une solution est explicitement ou implicitement attendue. »

Tous les référentiels Qualité intègrent l'écoute et le traitement des réclamations dans la structure de leurs processus qualité. Prenons les deux exemples les plus connus : ISO 9000 et EFQM et soulignons les références.

Normes ISO 9000:2000

Mesures et surveillance de la satisfaction client

« Il convient que l'organisme sache qu'il existe de nombreuses sources d'information relatives au client et qu'il établisse des processus pour regrouper, analyser et déployer ces informations… L'organisme spécifie la méthodologie et les mesures à utiliser, et la fréquence du recueil et de l'analyse des données pour les revues… Les sources d'information sur la satisfaction des clients comprennent par exemple :

- les réclamations des clients;
- la communication directe avec les clients;
- les questionnaires et les enquêtes;
- les groupes de discussion;
- les rapports des associations de consommateurs;
- les rapports dans les différents médias;
- les études sectorielles. »

Actions correctives

Les sources d'information comprennent par exemple :

- les réclamations des clients;
- les rapports de non-conformité;
- les données de sortie des revues de direction;
- les rapports d'audits internes;
- les éléments de sortie de l'analyse des données;
- les enregistrements du système de management de la qualité pertinents;
- les données de sortie des mesures de satisfaction;
- les mesures de processus;
- les résultats d'auto-évaluation.

Le processus d'action corrective comprend :

- une définition des causes des non-conformités et des défauts;
- l'élimination des causes des non-conformités et des défauts;
- les actions appropriées pour empêcher toute récurrence de problèmes;
- l'enregistrement de l'activité et des résultats.

Référentiel de l'EFQM (European Foundation for Quality Management)

Critère n° 6 : Dans quelle mesure l'organisation satisfait-elle ses clients externes?

Où le client externe se définit comme le client immédiat de l'entreprise, ainsi que tous les autres clients de la chaîne de distribution de ses produits et services jusqu'au client final.

La perception que les clients externes de l'organisation ont de ses produits, services et relations clients

Les domaines à traiter pourraient inclure la façon dont les clients perçoivent l'organisation (à partir de sondages clients, évaluations de groupes cibles et de fournisseurs, etc.) en ce qui concerne la qualité des produits et des services :

- aptitude (capabilité) à satisfaire aux spécifications produits et services ;
- fiabilité des produits et services ;
- performance en matière de livraison ;
- prix ;
- niveau de service ;
- assistance à la vente et technique ;
- formation au produit ;
- accessibilité du personnel *ad hoc* ;
- documentation ;
- temps de réaction et capacité de répondre aux besoins du client de manière flexible ;
- traitement des réclamations ;
- dispositions de garantie et de cautionnement ;
- développement de nouveaux produits et services.

Mesures complémentaires de la satisfaction des clients de l'organisation

Les domaines à traiter pourraient inclure une mesure interne de ce qui suit :

- activités répétitives ;
- nouvelles activités ou perte d'activités ;
- taux de défaut, d'erreur et de rejet ;
- performance en matière livraison ;
- reproductibilité des produits ou services ;
- durabilité et entretien des produits ;
- traitement des réclamations ;
- lettres d'éloges ou de remerciements reçues ;
- actions correctives résultant de réclamations ;
- paiement de garantie ;
- provisions et dépenses de garantie ;

- distinctions et récompenses reçues ;
- publicité dans les médias.

3. Des exemples de définitions

- Amarc : une réclamation client (à prendre au sens large : consommateur, prospect, réseau, riverain…) est l'expression (ou la manifestation) d'une insatisfaction (ou d'un mécontentement, d'une déception) qu'un client attribue à une entreprise et dont il demande le traitement (et la non-récidive).
- OPAC du Grand Lyon : une réclamation est l'expression d'une insatisfaction, fondée ou non, qu'un client nous demande de résoudre.
- Crédit Agricole du Midi : une réclamation client est une contestation fondée ou non, exprimée oralement ou par écrit, par un client ou un tiers, portant sur la prestation délivrée.
- Groupe La Poste : une réclamation est une manifestation d'insatisfaction d'un client.

4. Notre conseil pour définir ce que votre entreprise entend par réclamation

Interrogez-vous sur la nature et le canal de vos réclamations.

- Que recouvre une réclamation dans votre entreprise ?
    - les demandes d'information ?

    Exemple : Casino intègre les demandes sur la composition de ses produits.

    - l'état d'avancement d'un suivi de commande/dossier ?

    Exemple : Manutan intègre les demandes de localisation de ses commandes.

    - un étonnement ?

    Exemple : Michelin intègre les questions sur l'usure des pneus.

    - l'erreur d'un client qui la reconnaît ?
    - un dysfonctionnement interne ?
    - une contestation de la politique générale de l'entreprise ?
    - toutes les insatisfactions ?

    Exemple : une compagnie de transport urbain n'exploite pas les réclamations qui portent sur le comportement des conducteurs de peur de réactions syndicales.

- Le canal utilisé. Intégrez-vous :
  - uniquement les réclamations écrites? C'est le cas le plus fréquent : les réclamations en face-à-face ou par téléphone sont rarement comptabilisées.
  - les réclamations de second niveau? De nombreuses entreprises à réseau privilégient un premier niveau de réponse en agence et donc ne comptabilisent qu'une part très mineure du nombre total de réclamations. Puis prenez au départ la définition la plus simple. Celle ci-après nous semble à la fois la plus complète et la plus simple.

➲ Point clé

Une réclamation est l'expression d'une insatisfaction qu'un client nous attribue et nous demande de traiter.

En cas de doute, commencez par une définition restrictive. Puis allez de l'objectif (respect du cahier des charges) au subjectif (ressenti du client) et étendez la notion de réclamation à la demande d'information pour anticiper la réclamation de demain.

5. Quelques caractéristiques

- La réclamation est toujours concrète, fondée sur une expérience vécue par le client. C'est l'expression le plus souvent à chaud de la perception d'un incident.
- Insatisfaction et mécontentement évoquent un état d'esprit, un sentiment pénible d'être frustré dans ses espérances, ses droits.
- « Je comprends qu'il y a quelque sorte de plaisir dans la plainte, plus grand qu'on ne pense[1] », écrit la Marquise de Sévigné en 1686.
- Le livre *Shocked, Appalled, and Dismayed! How to Write Letters of Complaint That Get Results* d'Ellen Phillips (1999) porte le sous-titre qui est à lui seul tout un descriptif : *Go head-to-head with aggravating airlines, bullying banks, crooked car dealerships and heartless HMOs...*

---

1. *Lettres*, 1646-1696.

- La réclamation comme l'économie est devenue mondiale. Consultez par exemple les guides australien et britannique :
  - AS 4608:2004 Guide to the prevention, handling and resolution of disputes;
  - la norme BS 8600:1999 Complaints management systems Guide to design and implementation a été remplacée par la BS ISO 10002:2004 Quality Management. Customer satisfaction. Guidelines for complaints handling in organizations.
- Un mécontentement prend le statut de réclamation uniquement quand il est exprimé. La conception n'est pas la naissance ! Question de terme...
- Une réclamation se définit par trois composantes : une insatisfaction, attribuée à l'entreprise, avec une demande de traitement.

Cela se vérifie bien par le petit exercice : masquez les réponses dans la grille suivante et indiquez par Oui ou par Non les critères qui correspondent aux synonymes suivants.

Exemple : une demande n'implique pas nécessairement qu'il y ait eu insatisfaction et que cette dernière soit attribuée à votre entreprise.

	Insatisfaction	Attribution de responsabilité	Demande de traitement
Demande	Non	Non	Oui
Doléance	Oui	Non	Oui
Grief	Oui	Oui	Non
Pétition	Oui	Non	Oui
Plainte	Oui	Non	Non
Protestation	Oui	Non	Non
Récrimination	Oui	Oui	Non
Reproche	Oui	Oui	Non
Requête	Non	Oui	Oui
Déception	Oui	Oui	Non
Mécontentement	Oui	Oui	Non
Réclamation	Oui	Oui	Oui

Ce tableau souligne bien la nécessaire présence des trois composantes d'une réclamation et consolide la pertinence de la définition proposée.

⚄ L'émetteur

Deux questions sont à se poser :

1. Est-ce bien un client ?

Il est conseillé de vérifier si l'interlocuteur est bien le client. Il existe, particu-lièrement dans le *business-to-consumer*, quelques audacieux qui réclament indûment des avantages. Un contrôle est nécessaire : ticket de caisse, facture...

Savoir reconnaître un client, ce n'est pas si facile. Quelle qualification faut-il retenir ?

Exemples :

- Qui est le client d'un ostréiculteur ? Le poissonnier ou le consommateur ?
- Qui est le client d'un centre industriel de radars aériens ? La division com-merciale, l'avionneur, la compagnie aérienne, le gouvernement ou le pilote ?
- Qui est le client d'un hôpital psychiatrique ? Le malade, la famille du malade, le médecin généraliste, l'Assistance publique ?

2. À quel type d'interlocuteur avez-vous affaire ? Un affectif ? Un procédurier ? Un opportuniste ? Quelqu'un de sincère ?

Mettons de côté les quelques malades qui adorent réclamer. Leur pathologie confine au délire de revendication (délire chronique systématisé par la recher-che réitérée de réparations pour des injustices imaginaires). Ces malades exis-tent, mais heureusement c'est une infime minorité : à caractère spécial, traitement spécial !

La carte des réclamants peut apporter une première classification selon :

- le ressenti : l'intensité de la perception du dommage causé par la réclamation ;
- l'enjeu : l'intensité de la gravité du dommage causé par la réclamation.

Ressenti fort

$$\text{Affectif} \quad | \quad \text{Sincère}$$

Enjeu faible ─────────────┼───────────── Enjeu fort

$$\text{Procédurier} \quad | \quad \text{Opportuniste}$$

Ressenti faible

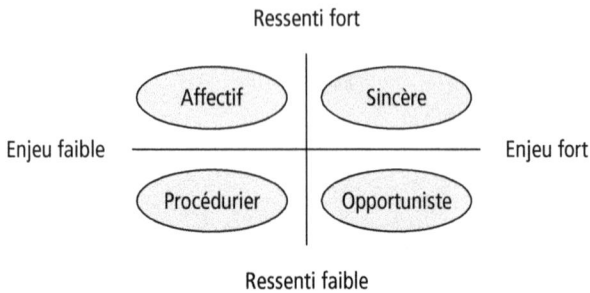

Affectif	Procédurier	Opportuniste	Sincère
Crie une forte insatisfaction pour peu de chose	Déclare une froide insatisfaction qui reste minime	Fait jouer une prétendue forte insatisfaction	Argumente une vive insatisfaction fondée
Cherche de la reconnaissance	Cherche la petite bête	Cherche la bonne affaire	Cherche à récupérer son dû

On constate habituellement que :

* l'importance du ressenti détermine le volume de l'émission de la réclamation ;
* l'importance de l'enjeu détermine l'énergie et la ténacité du réclamant à obtenir réparation.

3 La nature

Il est important de différencier la nature de la cause de la réclamation. Par exemple, un retard de livraison peut être dû à de multiples causes : bon de commande mal saisi, erreur de chargement, défaillance du transporteur, encombrement de la circulation...

L'essentiel est de déterminer les composantes de la qualité de service de son entreprise car un client n'achète pas un produit/service, mais la satisfaction d'un besoin. Ces composantes forment la qualité perçue par les clients et par voie de conséquence les natures des réclamations.

- Prestation de base : le cahier des charges, c'est-à-dire la vente d'un produit/ service ou la mise à disposition, pendant un temps limité, d'une compétence humaine et/ou de moyens matériels.

- Services facilitants :
  - accessibilité du prestataire : lieu, horaires, rapidité...
  - relation : disponibilité, accueil, contact, écoute, personnalisation, attention(s)...
  - information : pertinence, clarté, précision, rapidité...
  - conseils : compétence, pertinence, valeur ajoutée, assistance...
  - livraison : délai (annoncé et respecté), logistique, approvisionnements...
  - environnement : équipements, espace, confort, ambiance... et supports éventuels ;
  - administration commerciale ;
  - fourniture dans le temps : reproductibilité, sécurité, service après-vente, continuité de la prise en charge...

- Coût : prix d'achat, garanties, coût de possession...

Voici plusieurs exemples de grilles de recueil de réclamations.

Grille des motifs de retour 3 Suisses

Aidez-nous à améliorer la qualité 3 Suisses.

ERREUR

17. 3 Suisses s'est trompé dans ma commande.

18. Je me suis trompé(e) dans ma commande.

DÉLAI

19. L'article est arrivé trop tard.

DÉCEPTION

5. Je suis déçu(e) par la coupe ou la forme.

6. Je suis déçu(e) par le tissu ou la matière.

7. Je suis déçu(e) par la couleur.

8. Je suis déçu(e) par la finition ou la fabrication.

15. Je suis déçu(e) par les performances de l'article.

20. L'article ne correspond pas au catalogue (photos, texte…).

TAILLE

1. L'article est trop long.

2. L'article est trop court.

3. L'article est trop large.

4. L'article est trop étroit.

DÉFAUT

12. L'article est incomplet.

13. Le montage de l'article est impossible.

14. L'article ne fonctionne pas.

16. L'article est arrivé abîmé, cassé, taché, troué.

Courageux de proposer cette liste sur tout bordereau d'envoi, n'est-ce pas?
(même si la numérotation des motifs est incomplète et surprenante…).

Une banque

116 critères regroupés en cinq familles.
1. Tarification/facturation par type de produit.
2. Fonctionnement des comptes : délais, anomalies…
3. Qualité de la relation clients en agence : accueil guichet, organisation de l'espace, démarche commerciale, conseil…
4. Incidents bancaires : rejets de chèque, vols…
5. Réclamation par activité : crédit, assurance…

Une compagnie d'assurances

1. Produit : définition, garantie…
2. Cotisation : montant, encaissement…
3. Gestion : retard, désaccord…
4. Prestations : vie, décès…
5. Intermédiaires.

Un centre optique

1. Erreur de tiers payant.
2. Produit inadapté.
3. Délai de livraison trop long.
4. Non-respect de la prescription.
5. Autres…

Un organisme d'HLM

- Réclamations techniques : liées à des prestataires (ex : sous-traitants).
- Réclamations administratives et de gestion :
  - charges locatives (contestations);
  - loyers (surloyer, caution);
  - suivi social et contentieux (pour impayés).
- Réclamations relationnelles :
  - entre locataires (conflits);
  - entre l'organisme et ses clients;
  - troubles de voisinage;
  - «petites» réclamations liées au manque d'accueil et d'écoute du client.
- Réclamations commerciales :
  - liées à la population admise;
  - liées à des demandes de logements;
  - liées aux mutations de logements.

La profession des utilisateurs de télécommunications

Un observatoire des réclamations : celui réalisé par l'Association française des utilisateurs des télécommunications (www.afutt.org). Chaque année, l'association de défense reçoit environ 5 000 réclamations qui sont classées :

- par secteur :
  - mobile : 50 % ;
  - fixe : 30 % ;
  - internet : 10 % (en forte hausse).
- par nombre décroissant :
  - résiliation de contrat (mobile) ;
  - facturation (dont services kiosques et numéros non reconnus) (fixe) ;
  - facturation (mobile) ;
  - présélection (dont non sollicitée) (fixe) ;
  - dysfonctionnement entre services (mobile) ;
  - résiliation de contrat et demande de caution (fixe) ;
  - installation et SAV (fixe) ;
  - résiliation de contrat (internet) ;
  - incidents de paiement (fixe) ;
  - incidents de paiement (mobile).

Les plaintes Internet

Autre étude réalisée toujours par l'Afutt : le nombre de plaintes visant les fournisseurs d'accès à internet. Il a augmenté de 51 % en 2006, alors que le nombre de clients n'a progressé que de 40 %. Son délégué général déclare : « Les opérateurs consacrent l'essentiel de leurs efforts et font passer la qualité au second plan[1]. »

Les opérateurs les plus critiqués en 2006 sont :

- Alice : 1 849 plaintes
- Free : 1 310
- Club Internet : 1 267
- Neuf Télécom : 1 310
- Télé 2 : 724
- Noos : 619
- Orange : 175

Les plaintes à l'hôpital

Une étude, réalisée sur dix ans par le campus universitaire belge Brugmann, a analysé toutes les plaintes écrites (212) adressées à la direction médicale. Les enseignements sont intéressants, particulièrement les réponses à la question n° 6.

1. Données relatives au patient respectant son anonymat :

- 62 % femmes, 38 % hommes ;
- âge moyen : 55 ans (29 % ont plus de 70 ans).

2. Qui se plaint ?

- 80 % patients ou familles ;
- 8 % médecins ;
- 7 % avocats ;
- 2 % mutuelles.

---

1. *In Le Journal du Dimanche* du 18 mars 2007.

Les plaintes à l'hôpital (suite)

3. Secteurs concernés :
- hospitalisation : 55 % ;
- urgences : 35 % ;
- consultations : 17 % ;
- secteurs techniques : 10 % ;
- administration : 0,5 %.

4. De qui se plaint-on ?
- 80 % médecins
- 20 % infirmières.

5. De quoi se plaint-on ?
- 75 % : soins médicaux, explications, attitude du staff ;
- 25 % : organisation, hôtellerie, soins infirmiers.

6. Quel est le but recherché par les plaignants ?
- 38 % : information de la direction de l'hôpital ;
- 19 % : refus de paiement ;
- 15 % : demande d'indemnisation ;
- 13 % : demande d'information et/ou d'avis ;
- 4 % : but non précisé ;
- rare : demande de sanction, d'enquête, d'excuses.

Les réclamants ne recherchent pas en premier lieu une motivation financière. La priorité est d'informer un responsable pour éviter la reproduction de l'incident.

POURQUOI SE PRÉOCCUPER DES RÉCLAMATIONS CLIENTS ?

1. Les sept enjeux

    la satisfaction
    la fidélisation
    l'image
    la prévention du contentieux
    l'amélioration du fonctionnement de l'entreprise
    l'aide à l'animation managériale
    une source d'économies, voire de profit

2. Dix « clienticides » pour ne pas traiter les réclamations clients

Dans votre entreprise, la transmission d'une réclamation est-elle perçue comme une dénonciation ou comme une source de progrès ?

Est-ce une opportunité ou une menace ?

1 Les sept enjeux

Existe-t-il une réelle différence entre activités de *business-to-business* (d'entreprise à entreprises) et de *business-to-customer* (d'entreprise à particuliers)?

La réponse proposée dans le tableau suivant montre que les enjeux sont quasiment aussi importants dans les deux secteurs d'activités. Ils sont notés selon la grille : enjeu inexistant = 0 ; enjeu faible = 1 ; enjeu important = 2 ; enjeu essentiel = 3.

Les trois premiers enjeux concernent le client (ce sont d'ailleurs les critères d'ancrage de toute enquête de satisfaction) et les quatre suivants concernent l'entreprise elle-même.

Importance de l'enjeu	Business-to-business	Business-to-customer
1. Satisfaction	3	3
2. Fidélisation	3 (même si les clients sont un peu plus captifs)	3
3. Image	3 (milieu professionnel ciblé)	2 (risque de contagion médiatique jusqu'à la *class action*)
4. Prévention du contentieux	3	3
5. Amélioration du fonctionnement	3 (compétence des clients)	2
6. Aide à l'animation managériale	1	1
7. Source d'économies	2 (fort enjeu financier)	1

Le tableau peut être aussi adapté aux collectivités territoriales qui souhaitent se préoccuper des réclamations de leurs usagers. Les enjeux sont différents :

- pour l'usager : la satisfaction, la proximité, la personnalisation ;
- pour l'entité : l'amélioration de son fonctionnement, une aide à l'animation managériale, une source d'économies ;
- pour l'élu : l'image de professionnalisme, le souci d'attention.

Enjeu n° 1 : la satisfaction

Le respect du cahier des charges est le minimum que l'on puisse attendre d'un fournisseur. Ne pas respecter ce contrat est à coup sûr le meilleur moyen de mécontenter son client.

Une réclamation est la reconnaissance indulgente, voire quelquefois bienveillante, de votre droit à l'erreur : elle est très précieuse car elle ne s'étendra sans doute pas jusqu'au droit à la même erreur.

Un exemple

Décembre 2006, le *Journal du Net – Management* mène une enquête en ligne auprès de 2 456 lecteurs[1]. Quatre secteurs sont retenus pour l'importance qu'occupe la relation client dans leur activité : l'assurance, la finance, la vente à distance et les télécommunications. Dans chaque catégorie, les principaux acteurs sont soumis à une notation sur 10 sur quatre critères : la politesse de l'accueil, la compréhension de leurs problèmes, la rapidité de résolution et le suivi de leur demande.

Note moyenne sur 10 obtenue dans chaque secteur

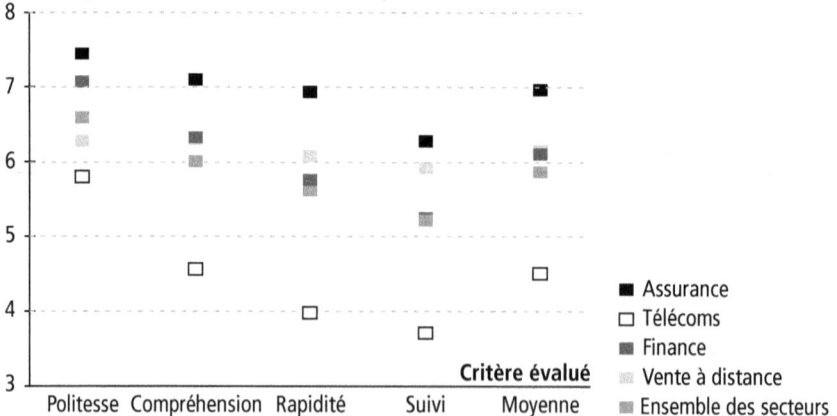

1. http://management.journaldunet.com/dossiers/0701170-relation-client/synthese-enquete.shtml

Les enseignements sont clairs : les entreprises sont polies, obtiennent la moyenne partout, mais le critère le plus mal évalué reste le suivi, c'est-à-dire la capacité à accompagner le client après son achat. C'est ce critère qui impacte vers le bas l'ensemble de la satisfaction clients. Le traitement de la réclamation en fait partie.

L'enjeu de la satisfaction est bien d'éviter que la réclamation ne se transforme en résiliation.

Enjeu n° 2 : la fidélisation

La satisfaction ne crée pas automatiquement la fidélisation. C'est un des enseignements du cabinet TARP[1] : «Les clients satisfaits sont fidèles à 45 %, les clients très satisfaits sont fidèles à 73 %».

Or la fidélité est capitale dans un marché stable. Le consommateur est aujourd'hui saturé et devient résistant :

- embarras du choix : sollicitation permanente qui accroît la vulnérabilité ;
- réflexe du zapping : nomadisme d'une tribu à une autre, volatilité ;
- Internet : levier démultiplicateur qui crée des acheteurs exigeants ;
- narcissisme : «*from the age of we to the age of me* » (de l'âge du «nous» à l'âge du «moi»)…

Il coûte en moyenne cinq fois plus cher de gagner un nouveau client que d'en garder un ancien. C'est l'enjeu de la fidélisation. La fidélisation augmente le cycle de vie d'un client et amortit ainsi tous les investissements de conquête. Car un client fidèle est un client qui :

- vous confie ses besoins dans votre activité ;
- est immunisé contre l'attraction de vos concurrents ;
- vous prescrit.

---

1. Technical Assistance Research Program Institute – www.tarp.com – est un cabinet spécialisé dans la relation client créé en 1971 aux États-Unis. Ses publications sont le fruit de nombreuses études et recherches, particulièrement celle que nous citerons plusieurs fois : «Consumer Complaint Handling in America : an Update Study», Part II, Washington, D.C.

Exemple

Pourcentage d'augmentation du profit dans les services pour 5 % d'augmentation du taux de rétention[1] :
- chaîne de services automobiles.. 28 %
- banque d'affaires... 35 %
- cartes de crédit .... 125 %
- agent d'assurances .... 50 %
- distribution industrielle.. 45 %
- buanderie industrielle .... 55 %
- logiciel .... 35 %

Toujours selon l'institut TARP, pour un client mécontent d'une entreprise *business-to-customer* (cas d'école bien sûr pour votre entreprise), quelle est la probabilité qu'il reste client ?

• Le client mécontent n'a pas eu la possibilité de réclamer : probabilité moyenne de rachat : 10 %.

• Le client mécontent a eu la possibilité de réclamer. Deux cas :

1. Sa réclamation n'est pas satisfaite, probabilité moyenne de rachat : 17 %.

2. Sa réclamation est satisfaite, probabilité moyenne de rachat : 62 % (95 % si le client pense que la réclamation a reçu une réponse rapide).

Deux enseignements : bien sûr satisfaire la réclamation d'un client, mais surtout favoriser son expression. Sans cela, adieu…

---

1. Fred Reichheld, Earl Sasser, «Zero Defections : Quality Comes to Services», *Harvard Business Review*, 1990.

C'est pourquoi la qualité relationnelle devient fondamentale dans le management du XXIᵉ siècle, comme l'indique le tableau ci-après.

	Avant-hier	Hier	Aujourd'hui
Attentes du marché	Performance	Proximité	«Chaleur ajoutée®»
Critères d'achat	Caractéristiques du produit	Satisfaction des besoins	Adéquation aux attentes
Importance du service	Secondaire	Importante	Vitale
Stratégie	Vente	Marketing	Relationnel
Relation commerciale	Impersonnelle (*one-to-all*)	Ciblée (*one-to-few*)	Personnalisée (*one-to-one*)

Dans le secteur marchand, partout l'offre dépasse la demande. Seules resteront compétitives les entreprises qui savent au-delà de leur technique se différencier par le service au client.

Le président du Groupe La Poste, Jean-Paul Bailly, le déclarait lui-même à la Cité de la réussite 2006 : «Les valeurs du service public évoluent de l'égalité à l'accessibilité, du même produit pour tous au produit adapté à chacun». La relation avec le client se personnalise : la compétence reste bien sûr nécessaire (sinon, le marché vous évacue sans ménagement), mais elle n'est plus suffisante : il faut ajouter l'attention puis les attentions.

Enjeu n° 3 : l'image

On sait qu'un client satisfait le dit à trois personnes. Et qu'un client mécontent le dit à dix personnes. Mais cela peut être beaucoup plus. La toute-puissance du client fait qu'il peut par ses choix :

- continuer ou non à acheter ;
- acheter plus ou moins ;
- acheter chez vous ou chez le concurrent ;
- entraîner un prospect à devenir client ;
- ou à l'inverse, inciter des clients à vous quitter.

Aujourd'hui n'importe qui peut influencer une entreprise. Or toute entreprise a un capital image, d'autant plus précieux qu'il est vulnérable. La réclamation invite (incite) à le défendre. C'est un cadeau.

Le risque d'atteinte à la réputation de l'entreprise est ici en jeu. La contagion médiatique est possible à tout moment. D'autant que trois tendances lourdes apparaissent :

- la «judiciarisation» de la société : nombreuses expertises contradictoires, actions collectives...

- la montée de l'opinion publique : *cf.* notre introduction ;

- l'existence d'un référentiel collectif inconscient qui postule qu'il faut répondre (premier contact) à :

  – une lettre en moins d'une semaine ;

  – un courriel en moins de 48 heures ;

  – un appel téléphonique en moins de trois sonneries.

Face à ces défis, la communication des entreprises tient plus du marketing que du reporting. Jean-Pierre Beaudoin souligne dans son ouvrage : «Trop d'entreprises sont encore surprises de se trouver un jour devant une revendication ou une action d'un groupe dont elles ignoraient jusqu'à l'existence[1]». Il propose trois principes d'action : analyser ses vulnérabilités, être ouvert au dialogue et parler le premier.

La première précaution recommande la lucidité : il s'agit d'identifier ses fragilités car médiatisées, elles peuvent heurter des sensibilités d'opinion, voire en renforcer de contraires à l'image de l'entreprise. Évaluer le risque d'opinion permet de se prémunir de retombées néfastes : il est trop important pour ne pas l'intégrer dans le management au quotidien. Il ne doit pas relever de la communication de crise : le risque serait encore plus grand.

Autant la communication de crise trouve sa légitimité dans les catastrophes ou accidents majeurs (explosions, fuites toxiques, pollutions, listeria...) dus à des dysfonctionnements clairement imputables à l'activité de l'entreprise, autant la communication classique doit intégrer l'exposition maintenant aussi diverse que peu prévisible de l'entreprise à tous ses publics environnants. L'importance vient du fait que les actifs immatériels prennent plus de valeur et obligent ainsi à plus d'attention managériale. L'expérience montre que l'attaque de l'image

---

1. Jean-Pierre Beaudouin, *Être à l'écoute du risque d'opinion*, page 70, Éditions d'Organisation, 2001.

provient d'une source souvent peu experte, mais très ancrée dans le registre de l'émotion. Ce qui rend plus difficile le retour à un dialogue factuel.

Enjeu n° 4 : la prévention du contentieux

C'est l'enjeu souvent déclencheur de la mise en œuvre d'un traitement des réclamations clients : la crainte. Le coût du contentieux et la peur de litiges et procès constituent un motif principal de prise en compte des réclamations.

Mieux vaut prévenir que guérir : cela coûte des dizaines de fois moins cher, sans parler des répercussions sur l'image de l'entreprise.

Dans l'actuelle société de défiance, la «société de déception» comme le titre pertinemment Gilles Lipovetsky[1], la remise en cause de l'entreprise et de son activité par le client devient naturelle. Ceci accroît les risques de sanction qui ne vient plus maintenant du jeu de gendarmes et voleurs avec les autorités publiques, mais de l'émotion de l'opinion publique : les atteintes à la réputation sont devenues assez intimidantes pour que l'entreprise s'autoresponsabilise aujourd'hui. L'entreprise gagne à intégrer cette nouvelle exposition, autant pour éviter un risque de dégradation de son image que par intérêt à long terme. Il est bon d'invoquer le pari pascalien[2] pour manager le traitement des réclamations : «Si vous ne le faites pas par conviction, faites-le au moins par intérêt : vous risquez plus à ne rien faire !»

Enjeu n° 5 : l'amélioration du fonctionnement de l'entreprise

Une réclamation indique en fait deux erreurs :

* la «fabrication» d'une non-conformité ou un décalage entre qualité attendue et qualité perçue;

---

1. Gilles Lipovetsky, Bertrand Richard, *La société de déception*, Éditions Textuel, 2006.
2. «Vous avez deux choses à perdre : le vrai et le bien, et deux choses à engager : votre raison et votre volonté, votre connaissance et votre béatitude; et votre nature a deux choses à fuir : l'erreur et la misère. Votre raison n'est pas plus blessée, en choisissant l'un que l'autre, puisqu'il faut nécessairement choisir. Voilà un point vidé. Mais votre béatitude ? Pesons le gain et la perte, en prenant choix que Dieu est. Estimons ces deux cas : si vous gagnez, vous gagnez tout; si vous perdez, vous ne perdez rien. Gagez donc qu'il est, sans hésiter.» Blaise Pascal, *Pensées*, 1670.

- l'absence de contrôle qualité ou en tout cas la non-détection de cette anomalie par le prestataire.

C'est le premier indicateur qualité d'une entreprise : il indique des sources d'amélioration pour toutes les fonctions de l'entreprise. C'est une expression spontanée qui contribue à l'identification des exigences clients.

Répondre aux réclamations de ses clients, c'est le degré zéro de la courtoisie et de l'intelligence :

- courtoisie : pour restaurer la confiance déçue (enjeu de satisfaction);
- intelligence : pour prévenir des anomalies identiques. Une réclamation justifiée est en effet le signe d'un non-respect du contrat de l'entreprise. Plusieurs réclamations sont le signe d'un manque de professionnalisme. Il y a donc danger. L'objectif est de passer du service des urgences au centre de soins préventifs.

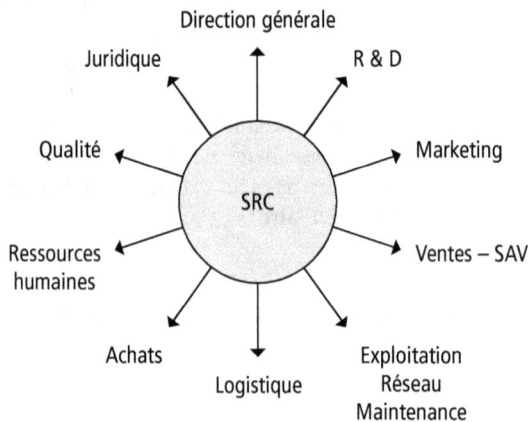

Le SRC (Service Réclamation Client) est une véritable mine d'informations. C'est un bureau d'études gratuit, la base de données des dysfonctionnements de l'entreprise. Du vrai poil à gratter les tenants de l'immobilisme. Dommage que si peu de personnes dans l'entreprise partagent ce constat !

Enjeu n° 6 : l'aide à l'animation managériale

Personne n'aime une réclamation. C'est un stress. Mais le stress peut être utilisé de façon positive : cette mise sous tension devient alors un levier d'action efficace et légitime. Nous savons que le contrôle qualité n'est plus suffisant car seule compte la qualité perçue. L'auteure franco-américaine Anaïs Nin le dit très bien : «We see things not the way they are, but the way we are» (Nous voyons les choses non comme elles sont, mais comme nous sommes).

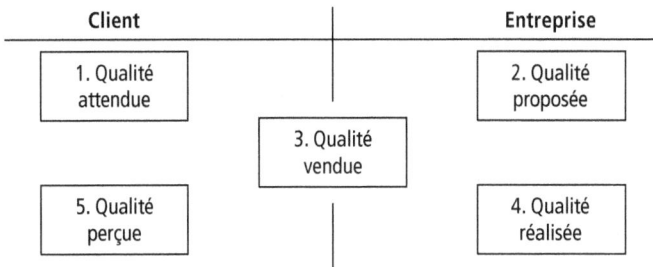

Client		Entreprise
1. Qualité attendue		2. Qualité proposée
	3. Qualité vendue	
5. Qualité perçue		4. Qualité réalisée

Le défi est de faire passer la démarche qualité du côté droit du tableau au côté gauche, de la conformité à la satisfaction. Il s'agit de faire coïncider qualité attendue et qualité perçue.

Le management aujourd'hui est l'art de motiver son équipe vers la satisfaction durable du client. L'art de rendre ses collaborateurs acteurs et non spectateurs.

Malheureusement, l'entreprise ne se soucie de la réclamation que sous la menace. Elle ne songe pas à en faire un atout compétitif. Il faut aller contre cette passivité, éviter que «les réclamations passent, la non-qualité reste.»

- Comment relayez-vous en interne la voix du client mécontent ?
- Comment faites-vous rentrer l'opinion du client dans l'entreprise ?
- Associez-vous le management à utiliser la réclamation comme une source de progrès individuel et collectif ?
- Utilisez-vous les réclamations dans un projet transversal d'amélioration de la qualité ?

Enjeu n° 7 : une source d'économies, voire de profit

Un client mécontent fait perdre de l'argent :

- temps passé à recevoir la réclamation ;

- temps passé à traiter la réclamation;

- gestion administrative du compte client;

- gestes commerciaux, dédommagements;

- litiges et procès perdus;

- baisse des résultats financiers;

- coût de la reconstruction de l'image;

- renforcement de la concurrence…

Mais combien? Beaucoup de SRC sont encore fâchés avec les chiffres. Mais il y a réel danger à ignorer le coût de traitement d'une réclamation ou la valeur ajoutée de son service. Que répondre à cette demande légitime d'un directeur général? Le professionnalisme passe par la maîtrise financière de son activité.

Quatre chiffrages sont nécessaires : le coût de traitement d'une réclamation, le coût de traitement de toutes vos réclamations, la valeur ajoutée de votre SRC, et si votre SRC devenait un centre de profit!

Le coût de traitement d'une réclamation

- Évaluez le temps passé pour traiter une réclamation

Tracez le parcours d'une réclamation dès son arrivée dans l'entreprise et comptabilisez le temps passé par toute personne qui s'en occupera. Raisonnez en ordre de grandeur : précisez bien les hypothèses. Même si elles sont peu précises, il sera toujours temps de les affiner. L'imprécision de la mesure reste préférable à l'absence de mesure.

- Calculez votre coût horaire moyen

Hypothèses pour le coût d'une heure travaillée en France :

- salaire annuel brut moyen de 22 000 € d'un chargé de clientèle;

- durée moyenne du travail de 1 560 heures/an;

- coefficient de 2 pour intégrer les charges sociales, administratives, logistiques, managériales…

D'où : 22 000 €/1 560 heures x 2 ≈ 28 € de l'heure.

- Ajoutez le montant annuel moyen d'un geste commercial : prenez le budget dédié à cet effet divisé par le nombre de réclamations traitées dans l'année.

Exemple d'évaluation du temps passé dans une mutuelle d'assurances (hors geste commercial)

Réception de la réclamation : – par écrit : 1' x 20 % des cas – par oral : 10' x 80 % des cas	8'
Copie et distribution	3'
Accusé de réception verbal	3'
Enregistrement et rédaction de la fiche	4'
Traitement : – action facile : 45' x 90 % des cas = 40 – analyse complexe (enquête, interview d'autres acteurs, visite client…) : 360' x 10 % des cas = 36' – relance : 5' x 60 % des RC = 3'	79'
Réponse : rédaction, validation	45'
Enregistrement final	5'
Synthèse, évaluation	5'
MOYENNE	**152' ou 2 h 32'** **soit 70 euros**

Quelques autres exemples de coût
de traitement

BNP PARIBAS

Le service clientèle a pour objectif de «rattraper» 17 000 clients sur les 70 000 qui quittent la banque chaque année. Il en coûte 60 € par client fidélisé. «Le remplacer reviendrait dix fois plus cher», déclarait un de ses responsables.

ENTREPRISE DE DISTRIBUTION (CA = 140 M€)

– Budget Administration des ventes : 1,1 M€/an
– Évaluation du temps consacré aux litiges : 30 %
– Coût d'un litige (500 par mois) : 1,1 M€ x 30 %/500 x 12 mois = 56 €

FRANCE TÉLÉCOM

Coût moyen de traitement d'une réclamation évalué dans une direction régionale à plus de 150 €.

AGENCE D'UNE CAISSE D'ÉPARGNE

Temps de traitement : réception, recherche, réponse, analyse… 2 heures par réclamation, soit 37,50 € (hypothèse d'un salaire de 2,5 k€ x 12 mois x 2 de charges sociales et managériales/200 jours/8 heures).

LAPEYRE

Le coût moyen de remplacement d'un produit est évalué à 3 fois son prix de revient.

SECTEUR AUTOMOBILE

Certains constructeurs taxent d'office le fournisseur auquel ils adressent une réclamation de frais de dossier de 500 € (20 heures x 25 €).

Le coût de traitement de toutes vos réclamations

1. Calculez le budget annuel de fonctionnement de votre SRC :

• salaires de l'équipe SRC x 2 (pour intégrer les charges sociales, administratives, logistiques, managériales…) et pondérez si nécessaire par la part de leur activité consacrée uniquement à la gestion des réclamations ;

- temps passé par les autres services à traiter les réclamations ;
- montant des gestes commerciaux ;
- dépenses du SRC *out-of-pocket* : formations, études de satisfaction de réclamants, amortissement du CRM…

2.Rapportez-le :

- au nombre de réclamations enregistrées (et vérifiez le calcul précédent) ;
- à votre CA ou MB ou nombre de clients ou passages caisse…

Exemples	Cie d'assurances	Caisse de retraite	Opérateur téléphonique	Distributeur de produits d'alimentation	Fabricant d'appareils de manutention	Cie de transport aérien
Nombre annuel de réclamations	8 066	7 800	108 000	10 000	3 793	300
Coût de traitement d'une réclamation (en euros)	80	80	22	80	40	30 000
Coût global	645 280	624 000	2 376 000	800 00	149 560	30 000

La valeur ajoutée de votre SRC

1.Évaluez le manque à gagner des clients que votre SRC réussit à retenir.

Multipliez les 6 variables suivantes :

- la marge brute annuelle de votre entreprise ;
- la durée de vie d'un client divisée par 2 pour tenir compte de son ancienneté moyenne ;
- le % de clients pas vraiment ou pas du tout satisfaits : 20 % ;
- le % de clients pas vraiment ou pas du tout satisfaits qui réclament : 10 % ;
- le % de réclamants qui menacent sérieusement de partir : 25 %[1] ;
- le % de réclamants qui menacent de partir et que le SRC réussit à retenir : 20 %.

Cette quadruple estimation indique ici qu'un SRC retient en moyenne 1‰ de clients.

Notre expérience montre que proposer des pourcentages moyens n'est pas significatif, tant la dispersion peut être grande pour chaque pourcentages (*cf.* les 22 critères de notre étude en annexe 3). Chaque entreprise aura tout intérêt à définir elle-même ses propres hypothèses, quitte à les faire évoluer par la suite.

2.Ajoutez le coût d'acquisition moyen d'un client (= budget de prospection/ nombre de nouveaux clients).

3.Chiffrez les gains que vous avez fait réaliser à l'entreprise par vos recommandations.

4.Et si vous êtes un fan du chiffrage, estimez les malheurs évités par votre SRC :

- le coût de la reconstruction de l'image = budget communication/nombre de clients x nombre de clients perdus;

- le bouche-à-oreille négatif (prospects perdus) : coût précédent x 10;

- les litiges et procès : coût moyen d'indemnisation x nombre de réclamations qui partent au contentieux, voire au tribunal;

- et le renforcement indirect de la concurrence...

Et si votre SRC devenait un centre de profit !

Additionnez à la valeur ajoutée de votre SRC (tous les coûts évités) le développement de ventes additionnelles (rebond commercial).

Attention de ne pas en faire une machine de guerre commerciale : cela serait une erreur de forcer une vente à un client échaudé. La proactivité commerciale a ses limites. Tout se joue dans l'attente du client et dans la qualité du contact...

- Estimez le CA et donc la MB que votre SRC pourrait réaliser lors du traitement de 1 000 réclamations.

Exemple : Renault réalise des ventes auprès de 6‰ réclamants.

---

1. Chiffrage réalisé dans une grande compagnie d'assurances : sur 100 clients qui réclament, 26 menacent ouvertement de résilier leurs contrats en fin d'année s'ils n'obtiennent pas satisfaction.

- À partir de combien de ventes votre SRC fait-il gagner de l'argent à votre entreprise? (VA du SRC + MB additionnelle - budget de fonctionnement).

Exemple d'Accor Hôtels

Hypothèses de calcul :
- un client séjourne en moyenne 5 nuitées par an dans chaque enseigne, excepté Etap Hotel, Formule 1 et All Seasons : on ajoute à la nuitée un petit déjeuner et un dîner chez Ibis, Mercure, Novotel et Sofitel pour obtenir la dépense moyenne d'un client;
- le groupe toutes enseignes confondues traite 12 000 réclamations par an;
- 75 % des clients déclarent revenir vers l'enseigne suite au «bon» traitement de leur réclamation.

Le résultat est que sur une année, c'est un chiffre d'affaires de plus de 4 millions d'euros qu'Accor Hôtels génère grâce à la prise en charge efficace des réclamations reçues. Nul doute que la perception du SRC en interne en ressort grandement modifiée : le SRC ne coûte plus, il rapporte…

Exemple présenté par Chantal Tryer,
directeur des services clientèle d'Accor Hôtels
et présidente de l'Amarc.

2 Dix «clienticides» pour ne pas traiter les réclamations clients

Face à ces sept enjeux, une entreprise ne peut que souscrire à ce mot d'ordre : réclamons des réclamations! Mais les résistances sont nombreuses en interne. Leurs motivations sont diverses, chaque entreprise doit les identifier pour se construire son propre argumentaire. Quels sont les freins les plus fréquents?

Nous avons créé le mot «clienticide» pour désigner un «tue-le-client». C'est une attitude, un comportement, une croyance qui incite un collaborateur à ne pas traiter une réclamation. L'objet de cette liste est de vous faire sélectionner les «clienticides» le plus souvent formulés dans votre entreprise pour sensibiliser tous les collaborateurs concernés au danger de la tenue de tels propos.

* Cinq «clienticides» qu'un de vos clients a peut-être entendus :
  – C'est normal, nous avons un problème fournisseur actuellement!
  – Désolé, c'est la faute du service voisin (souvent l'informatique!)...
  – Vous devriez écrire au directeur.
  – Si vous croyez qu'on n'a que ça à faire...
  – Mais c'est pas grave!
* Et cinq «clienticides» que vous avez peut-être entendus en interne :
  – Celui-là est un râleur de première!
  – On sait ce que veulent nos clients!
  – S'ils étaient réellement mécontents, ils ne seraient plus clients!
  – Si le client a toujours raison, autant tout lui donner!
  – Ça attendra!

1. Cinq «clienticides» qu'un de vos clients a peut-être entendus

Ces phrases, tellement entendues, sont des crimes de lèse-client. Il est essentiel de sensibiliser tous les personnels en contact avec le client à ne jamais prononcer ces paroles qui plombent une relation contractuelle.

À vous de définir l'argumentaire adapté à votre entreprise et si possible avec eux.

Clienticide n° 1 : «C'est normal, nous avons un problème fournisseur actuellement!»

Votre client s'adresse à son fournisseur : c'est vous! Il a acheté son produit ou son service à votre enseigne, pas à celle de vos fournisseurs. C'est votre organisation qui est en cause, et plus particulièrement votre gestion des achats. Même si certains secteurs d'activité sont très dépendants de cotraitants pour livrer leurs produits ou les faire monter chez leurs clients. Mais le client a raison de vous attribuer la responsabilité : il croyait à la valeur ajoutée commerciale de votre «on s'occupe de tout pour vous».

La réclamation est un excellent indicateur pour les acheteurs et les approvisionneurs. Il est important d'utiliser les réclamations clients imputables à vos fournisseurs pour évaluer ces derniers et surtout leur demander de s'améliorer. Rappelez-vous les exigences ISO : «Suivre et évaluer les performances des sous-contractants... qui ont une incidence directe sur la qualité de vos prestations».

Clienticide n° 2 : «Désolé, c'est la faute du service voisin...»

Le client se moque de connaître le responsable, voire le coupable. Peu importe qu'il s'agisse de votre informatique, de la défaillance d'un de vos fournisseurs ou de la mauvaise humeur d'un de vos salariés... le réclamant ne souhaite qu'une chose : obtenir satisfaction sur ce qu'il avait demandé.

L'entreprise peut être considérée comme une chaîne de compétences. Un seul maillon est défaillant, et l'efficacité de l'entreprise devient nulle : la qualité de chacun conditionne celle de l'ensemble.

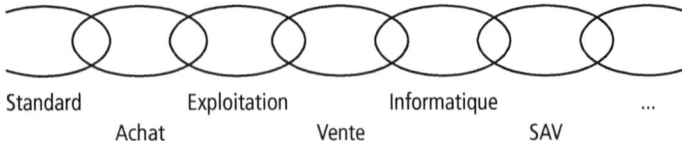

Standard   Exploitation   Informatique   ...
    Achat   Vente   SAV

Voici une révolution dans le monde du management : l'entreprise n'est plus une addition de compétences, mais une multiplication de compétences. Il suffit d'un maillon nul, d'un collaborateur incompétent ou démotivé pour ruiner toute une chaîne.

La qualité d'une entreprise est ainsi égale au produit des qualités de ses unités. Supposez 100 personnes qui travaillent de façon exemplaire : leur niveau de qualité est de 99 %. Leur qualité globale sera égale à $(99 \%)^{100}$, soit 36,6 % !
Volez au secours de votre voisin, soyez zélé !

Clienticide n° 3 : «Vous devriez écrire au directeur»

Ce propos révèle en fait le manque total d'autonomie de celui qui le prononce face au problème du client. Il n'y peut rien, mais... Sous-entendu, les réclamations, c'est comme les déchets : ça se sous-traite.

Cette phrase est définitivement un «clienticide». Un certain nombre d'entreprises se déchargent ainsi de leurs contestataires en créant une structure tampon pour chloroformer les clients mécontents. Quel gâchis ! Un client exigeant est source de progrès, un client facile est source d'embonpoint. Il ne faut jamais laisser un réclamant «orphelin», mais inciter tout collaborateur en contact avec un réclamant à se positionner comme un interlocuteur impliqué dans la résolution du problème soulevé.

Clienticide n° 4 : «Si vous croyez qu'on n'a que ça à faire...»

«Eh bien oui, répondra le client, votre raison d'être est de me satisfaire». Le client se moque de connaître votre charge de travail. Il est déjà passablement énervé par son problème dont il attribue la responsabilité à votre entreprise. Si vous lui dites que vous ne pouvez pas prendre le temps de traiter sa réclamation, il risque de radicaliser sa position. Et de confondre service après-vente avec sévices après-vente !

Il est malheureusement trop fréquent d'entendre : «Ah excusez-nous, on est débordé...». Un client déteste se sentir captif. Une réclamation doit être traitée en priorité à toute action : l'urgence évidente est de colmater la voie d'eau.

Clienticide n° 5 : «Mais c'est pas grave!»

Ce n'est peut-être pas toujours grave, comme l'indique l'étude suivante : en cas de panne téléphonique, selon une étude France Télécom SCES sur le SAV, prédominent les sentiments suivants :

• agacement (36 %) ;

• dépendance (mentionné en premier par les plus de 60 ans) ;

• impuissance (25 %) ;

• colère (22 % ; plus fréquent chez les hommes que les femmes) ;

• panique et angoisse sont peu ressenties.

Mais même si le réclamant a beau jeu d'hypertrophier son mécontentement, c'est le client qui décide de la gravité de l'incident. Rien de plus provoquant qu'un sourire amusé quand le client a le courage de dire son mécontentement. Il est clair qu'en matière de réclamations, il vaut mieux être paranoïaque qu'autiste.

2. Et cinq «clienticides» que vous avez peut-être entendus en interne

Clienticide n° 6 : «Celui-là est un râleur de première»

«Le client crie, il l'a toujours fait et il le fera toujours[1]», écrit Roger Moiroud. La réclamation est naturelle, nous l'avons vu en introduction. Oui, la réclamation libère. Réclamer, c'est s'exprimer, c'est espérer, c'est vivre... Nous sommes tous des réclamants. Souvenez-vous de votre dernier embouteillage : votre première réaction n'a-t-elle pas été de vous demander ce que tous ces automobilistes faisaient là au même moment que vous...?

Éviter tout litige est donc utopique. Mais limiter le nombre des affaires précontentieuses est tout à fait réaliste.

La quérulence reste peu répandue : c'est la tendance pathologique à rechercher les querelles et à revendiquer, d'une manière hors de proportion avec la cause, la réparation d'un préjudice subi, réel ou imaginaire.

La réclamation est une démarche active et volontaire. Cela prend du temps et de l'énergie de réclamer, particulièrement par écrit, cela augmente d'autant l'attente de prise en compte. Rappelons qu'une réclamation est un cadeau. Il faut chérir la réclamation.

Peut-être que votre plaignant n'a pas raison. Mais si vous lui donnez tort, et d'une façon qu'il percevra peut-être arrogante, il vous sera moins acquis.

Clienticide n° 7 : «On sait ce que veulent nos clients!»

Il est maintenant reconnu depuis une vingtaine d'années que la qualité doit se mesurer et que c'est le client et non le «producteur» qui est le mieux placé pour ce faire. L'exemple développé plus loin des témoins de ligne à la RATP

---

1. Roger Moiroud, *Le cri du client*, Éditions d'Organisation, 2006.

montre que des voyageurs bénévoles sont sollicités pour donner le point de vue du client.

La relation client commence par l'écoute des besoins et attentes du client, se structure lors de la vente ou plutôt de son achat, s'entretient avec la validation de sa satisfaction et se consolide par la réponse rapide et personnalisée à toute demande de sa part, réclamation comprise : on part du client dans les quatre étapes.

Ce sont vos clients qui décident de la qualité de vos produits/services. Recueillir leur insatisfaction est le minimum de l'écoute client.

Exemple 1 : rappelez-vous la publicité d'Hippopotamus : « Réclamez, criez, hurlez… ! » qui incitait les clients à s'exprimer.

Exemple 2 : Ikea met à disposition dans tous ses magasins de nombreux points-suggestions où tout client est invité à écrire son avis : « Content ou pas content ? Dites-nous tout… Vos idées et vos critiques nous aident à nous améliorer… Merci et à bientôt ! »

Clienticide n° 8 : « S'ils étaient réellement mécontents, ils ne seraient plus clients ! »

Les gens n'aiment pas les conflits en général. Ils vont plutôt se confesser, voire se défouler auprès d'oreilles amies.

Catégorie de produit	% des clients mécontents qui ne se plaignent pas	% des clients mécontents qui ne se plaignent pas et qui ne rachètent pas
Bien de consommation courante à faible coût	96	63
Service relativement bon marché : TV câblée, téléphone local…	45	45
Produit durable à coût élevé : automobile, ordinateur…	27	41
Service cher : assurances, prêts, clinique…	37	50

Source : Institut TARP

Il faut donc encourager les clients à exprimer leur opinion. Un client qui réclame est tout sauf un gêneur. Bénissez-le. Il vous annonce qu'il peut vous quitter.

Clienticide n° 9 : «Si le client a toujours raison, autant tout lui donner!»

Non, ce n'est pas ce qu'il demande, il faut simplement lui donner son dû.

Et même si le client était déraisonnable dans ses prétentions, il aurait raison de vouloir tout, tout de suite et le moins cher possible. Le marché le lui permet. A *fortiori* s'il a payé. Mais d'expérience il est très rare que le réclamant demande l'impossible. Il attend généralement :

- de la considération : être reconnu comme client;
- de la réactivité : sa démarche doit être reçue comme prioritaire;
- des explications : le client cherche à comprendre;
- des excuses : il souhaite que l'entreprise reconnaisse son tort si c'est le cas;
- une réponse : c'est le minimum;
- une amélioration : pour éviter le renouvellement du problème;
- un remboursement : c'est l'attente citée en dernier.

Deux conséquences :

- il est important que chaque collaborateur connaisse avec précision le périmètre de l'offre de son entreprise;
- un mauvais arrangement reste souvent préférable à un bon procès.

Clienticide n° 10 : «Ça attendra!»

Non, le client n'attendra pas. Et pire, il ira chez votre concurrent. Et on peut se trouver sans client mécontent : c'est sans client du tout!

- Une entreprise qui n'honore pas sa commande se déshonore.
- Côté client, la surenchère des offres légitime toute exigence.
- Les exigences d'aujourd'hui seront les standards de demain.

L'écoute des réclamations est le premier dispositif à mettre en place dans une entreprise. Un bon traitement :

- cicatrise une mauvaise vente : le client est enfin satisfait;
- diagnostique le dysfonctionnement : l'offre est améliorée.

La réclamation, c'est comme un réveille-matin : c'est le signal qu'il faut faire quelque chose et rien ne sert de laisser sonner.

LES SEPT ÉTAPES D'UN PROCESSUS DE TRAITEMENT DES RÉCLAMATIONS CLIENTS

1. Recueil

2. Enregistrement

3. Résolution

4. Réponse

5. Clôture[1]

6. Suivi

7. Exploitation

Deux critères sont essentiels pour traiter une réclamation : la réactivité et la personnalisation.

---

1. On dira la clôture d'une réclamation, mais on parlera de clore une réclamation et éventuellement de la «déclore».

La personne au point d'entrée accuse réception de la réclamation, remercie et précise éventuellement le délai de réponse. Deux critères sont essentiels :

- la réactivité : personne n'aime le tunnel aveugle de l'attente. Si vous sentez que la réponse demandera du temps, donnez une précision sur le délai de réponse ;
- la personnalisation : le client n'est ni une statistique, ni un numéro de compte ! Il faut faire preuve d'empathie.

Combien de réclamations une entreprise reçoit-elle ?

Beaucoup de facteurs entrent en jeu bien évidemment. Néanmoins, l'étude Amarc 2006 citée en préface donne un ordre de grandeur : entre 1 000 et 50 000 réclamations par an, 5 000 étant la médiane. Elles sont un peu moins nombreuses dans le secteur industriel.

Nombre de réclamations par secteur d'activité

2005	0-500	500-2000	2000-5000	5000-10000	10000-50000	50000-550000	TOTAL	En %
Service b to b	1	1	3	2	2	3	12	20
Service b to c	1	4	3	6	5	3	22	39
Industrielle b to b	1	3	3	2	1	0	10	18
Industrielle b to c	1	1	3	0	0	0	5	9
Service public	0	1	3	0	2	2	8	14
TOTAL	4	10	15	10	10	8	57	
En %	7	18	26	18	18	14		100

Êtes-vous sûr que vos capteurs couvrent bien tous les points d'entrée de vos réclamations ? Dans le milieu industriel, peu de réclamations échappent à la saisie. Mais en *business-to-customer*, savez-vous si vos clients connaissent l'existence même de votre SRC? Une réclamation est une alerte. Il s'agit de bien situer les capteurs pour recueillir et comptabiliser le nombre de réclamations.

Une réclamation peut survenir de partout. Mais il y a des lieux plus exposés :

- standard téléphonique ;
- lieu d'accueil ;
- guichet ;
- caisse ;
- point d'information ;
- agences ;
- lors d'un contrôle ;
- courrier, fax, télécopie, courriel ;
- SAV ;
- assistant de clientèle ;
- chauffeur ;
- enquête clients ;
- numéro vert ;
- contact commercial ;
- réservation centrale ;
- service consommateurs ;
- commerciaux, service relations clientèle ;
- service recouvrement ;
- salons professionnels ;
- garanties, cartes T ;
- siège social ;
- fédérations professionnelles ;
- associations de consommateurs ;
- institutionnels (Conseil général, ministère…) ;
- médiateurs ;
- CNIL ;
- Monsieur le directeur ;
- …
- et attention, peut-être lors de votre dîner ce soir !

Répartissez vos réclamations dans les huit cases grisées du tableau des canaux de transmission.

Exemple de l'OPAC du Grand Lyon

Sources	Lieu	Oral 70 %	Écrit 30 %
Réclamants 95 %	Sur place	Face-à-face 16 %	Cahier des réclamations 1 %
	À distance	Téléphone 50 %	Lettres, fax ou courriels 28 %
Autres 5 %	Dans l'établissement	Tout contact 3 %	Rapports d'autres services 0 %
	Hors de l'établissement	Propos rapportés* 1 %	Avocats, associations, presse 1 %

* Toujours par un ami qui vous veut du bien…

Cet exercice permet ensuite d'adapter le tableau de saisie aux flux entrants des réclamations.

Nombre total des réclamations recensées par canal de transmission et par délégation sur une année d'une compagnie d'assurances

Délégation	Cartes T	Locales écrites	Institutionnelles	TOTAL
Île-de-France	54	16	32	102
Normandie	19	28	4	51
Centre et Poitou-Charentes	22	32	7	61
Sud-Ouest	25	19	8	52
Ouest	17	32	3	52
Méditerranée	22	71	6	99
Nord-Est	29	21	6	56
Centre	26	17	4	47
	214	236	70	520

Soyez lucide sur le nombre de réclamations. Les personnels terrain remontent rarement les réclamations et *a fortiori* celles qui les impliquent. L'iceberg de la réclamation est bien réel.

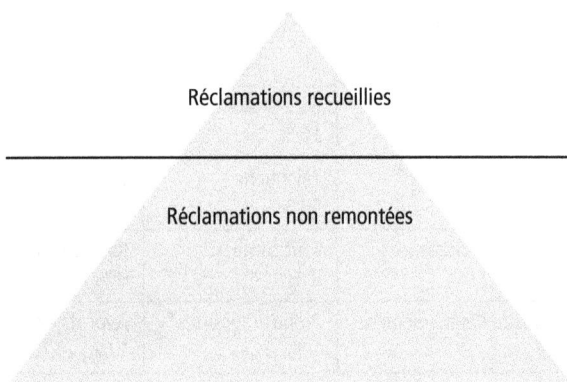

Réclamations recueillies

Réclamations non remontées

Il est important de développer les moyens de remontée. Pour favoriser la formulation des réclamations, il faut donner au client l'opportunité de réclamer. Exemples :

- lui demander directement (et pour cela, former tous les personnels au contact);
- lui indiquer un interlocuteur;
- créer des facilités de contact : numéro de téléphone vert ou azur, internet, questionnaire de satisfaction, lettre T, hotline…
- proposer un engagement de contrepartie.

Dans la très grande majorité des cas, les coordonnées des SRC sont communiquées aux clients. L'étude Amarc 2006 indique les médias utilisés. Ils sont présentés ici par ordre décroissant : le site web, les documents contractuels (bon de commande, tarifs, facture, relance…), les supports publicitaires (catalogue, affichage, média, mailing…), le packaging produit ou sur le lieu de vente.

D'expérience, le choix du canal de transmission dépend pour un réclamant de :

- sa connaissance de l'existence du canal;
- sa possibilité/facilité à communiquer avec ce canal;
- son jugement de l'efficacité du canal.

Exemple : France Télévisions reçoit plus de 300 000 demandes clients par an. Elles se répartissent en trois canaux :

- *190 000 courriels;*
- *90 000 appels téléphoniques;*
- *23 000 courriers.*

La réactivité et la gratuité l'emportent définitivement.

Pour faciliter la remontée des réclamations, certaines entreprises adressent à leurs clients un guide SAV. Il est possible de le structurer comme suit :

- la meilleure façon de procéder pour adresser une réclamation : par écrit, téléphone, courriel...

- les coordonnées du responsable du dossier à mentionner sur les offres, les bons de livraison, les factures. Ses nom, prénom, fonction, ligne directe, adresse courriel doivent apparaître clairement;

- les attributions de compétence des différents responsables au sein de votre entreprise (coordonnées à l'appui) : le client pourra s'adresser à une personne différente selon qu'il s'agit d'un incident technique ou d'un problème de facture;

- la liste des documents que le réclamant doit avoir à portée de main ou faire parvenir à l'entreprise – à quel service ? – pour que sa demande soit traitée rapidement;

- le mode d'emploi – complet et compréhensible – du produit ou de la prestation afin qu'il puisse analyser lui-même s'il a fait une erreur;

- les conditions générales de vente avec explications détaillées des droits du client : échange de l'appareil, remboursement, réduction de prix, garantie...

Voici un exemple de document remis aux clients de la Société Générale.

La Société Générale : la meilleure qualité de service possible

Toutefois, des difficultés peuvent survenir dans le fonctionnement de votre compte ou dans l'utilisation des services mis à votre disposition.

L'agence : votre premier interlocuteur

Rapprochez-vous tout d'abord de votre **Conseiller de clientèle** ou du **Responsable de votre agence**. Vous pouvez lui faire part de vos difficultés par tout moyen à votre convenance : directement à l'agence, par téléphone, par lettre ou par fax.

LE SERVICE RELATIONS CLIENTÈLE À VOTRE ÉCOUTE

Si vous êtes en désaccord avec la réponse ou la solution apportée par votre agence, vous avez la possibilité de vous adresser au **Service Relations Clientèle**, pour que votre demande soit réexaminée. Vous pouvez le saisir par courrier, fax, téléphone ou Internet, en utilisant les coordonnées indiquées au verso.

L'agence, comme le Service Relations Clientèle, vous accusera réception dans les **48 heures**[1], et vous indiquera le délai nécessaire pour vous apporter une réponse définitive. Sauf cas exceptionnel, ce délai ne dépassera pas **10 jours**[1].

EN DERNIER RECOURS : LE MÉDIATEUR

Le Médiateur a vocation à rechercher une solution amiable lorsque celle-ci n'a pu être trouvée auprès de votre agence.

Il exerce sa fonction en toute indépendance, dans le cadre d'une «**Charte de la médiation**», reprise intégralement sur le présent document. Celle-ci précise notamment son champ de compétence et les conditions de son intervention.

Vous pouvez saisir le Médiateur en transmettant votre demande à l'adresse figurant au verso.

Le Médiateur vous répondra directement, en vous faisant connaître sa position. Si celle-ci vous convient, la Société Générale s'engage par avance à la mettre en œuvre sans délais.

---

1. Jours ouvrés

Faut-il mettre en place un numéro vert gratuit ? Oui sur le principe. Mais il existe des freins, indépendamment du coût.

Exemple 1 : une biscuiterie propose sur tous ses emballages produits un numéro vert qui aboutit sur un répondeur. Résultat le lundi matin :

- *60 % de réclamations;*
- *30 % de demandes d'information;*
- *10 % de noms d'oiseau et d'invitations coquines…*

Exemple 2 : France Télécom a supprimé son numéro vert qui devenait un service clients parallèle.

Trois points clés

- Savez-vous si vos clients savent à qui s'adresser en cas de réclamation ?
- Si l'entreprise souhaite réellement attirer à elle les réclamations, c'est à elle de remplir la fiche réclamation et non au réclamant.
- Un client ne doit pas avoir à engager de frais pour réclamer.

Enregistrement

1. Le parcours de la réclamation

La réclamation suit habituellement le parcours suivant :

- qualification de la réclamation par motif, quelquefois par attente du réclamant;
- codification sur un document de saisie;
- ouverture d'une fiche appelée selon les entreprises :

• réclamation	• remarque
• anomalie	• insatisfaction
• incident	• affaire
• écoute	• dossier
• non-conformité	• défaillance
• vigilance	• attente
• cas	• …

- centralisation informatique (attention à la confidentialité : protéger les informations à caractère personnel);
- vérification du non-doublonnage de l'enregistrement de la réclamation.

  Exemple : réclamant nommé «arroseur» à La Banque Postale.

Une aide pour structurer votre fiche de saisie est le formulaire européen de réclamation pour le consommateur. Il a été rédigé par les services de la Commission européenne et vise à améliorer le dialogue entre les consommateurs et les professionnels, et à les aider à atteindre un règlement à l'amiable des problèmes. N'hésitez pas à le consulter sur www.euroinfo-kehl.com, vous bénéficierez en plus de 11 traductions gratuites : les 11 langues officielles de l'Union européenne.

Exemple d'une fiche écoute d'une compagnie de transports

❏ Courrier   ❏ Téléphone   ❏ Oral

Date .... Heure .... Enregistré par..........................

OBJET DE L'INSATISFACTION

❏ Qualité	❏ Attitude de l'agent commercial	Date ....
❏ Information	❏ Agression	N° ligne ....
❏ Horaires	❏ Desserte	N° bus ....
❏ Conduite	❏ Équipement des arrêts	Nom de l'arrêt ....
❏ Propreté	❏ Sécurité	Direction ....
❏ Confort	❏ Plainte des riverains	Horaire de passage du bus :
❏ Surcharge	❏ Divers	théorique : ....
❏ Attitude du chauffeur	❏ Billettique	réel : ....
❏ Attitude du contrôleur	❏ Tarification	Matricule de l'agent :..........

DESCRIPTION DES FAITS

....
....
....
....

Tonalité adoptée par le réclamant :   ❏ Cordial   ❏ Calme   ❏ Agressif   ❏ Humoristique

IDENTIFICATION DU CLIENT RÉCLAMANT

Nom .... Prénom..

Adresse ....

Téléphone ....Heure à laquelle le client peut être contacté..........................

GESTION DE LA RÉCLAMATION

Remis à .... pour action

ANALYSE DES CAUSES ET ACTIONS MISES EN ŒUVRE EN INTERNE

....
....

ÉLÉMENTS DE RÉPONSE AU CLIENT

....
....

Réponse au client le ....   ❏ Lettre d'attente

Soit un délai de .... jours   ❏ Lettre personnalisée   ❏ Lettre type

2. Comment classifier ses réclamations ?

Quelques critères :

* structuré par produits, motifs, clients…
* canal de réception ;
* date ;
* région, agence…
* exhaustif ;
* sans recouvrement ;
* court (sur une page)…

Point clé

Un conseil : rapprochez votre grille de celle de vos études de satisfaction clients.

3. Quel est l'intérêt du recueil par e-formulaire ?

Avantages	Inconvénients
Accessibilité 24 h/24 Délai très rapide pour l'émission Gain de temps : enregistrement automatique, saisie du dossier, prise de connaissance, classement par mots clés, réponse préformatée (adresse et paragraphes types) Pas de biais dans la prise de verbatim Automatisation de l'accusé de réception Permet d'obtenir des renseignements	Explication du problème moins claire Difficultés d'attachement de pièces jointes selon le logiciel Demande un développement informatique Incitation au RE

4. Toutes les réclamations se valent-elles ?

Non. Un grand compte, un client défendu par un avocat, une personnalité, un journaliste… seront légitimement mieux traités qu'un client dit moyen. Autres critères différenciants : la gravité de la réclamation, sa complexité, le dommage causé chez le client, son impact sur la sécurité ou sur l'image de l'entreprise…

Les réclamations sont classées en deux niveaux :

* niveau 1 : les réclamations simples;

* niveau 2 : les réclamations sensibles.

L'intérêt de cette catégorisation à l'enregistrement est d'orienter les réclamations vers deux modes différents de traitement. Les plus simples peuvent être traitées directement, éventuellement avec une délégation pour geste commercial. Les réclamations sensibles peuvent faire l'objet d'un accusé de réception et d'un transfert à un responsable.

Les entreprises bien sûr ne mettent pas en avant ce dispositif spécifique. Mais la moitié des entreprises interrogées dans l'étude Amarc pratiquent un traitement différencié selon les cibles : VIP, grand compte… Ces réclamations sensibles en général ne représentent pas plus de 5 % du total traité.

5. Un outil informatique adapté

Il est essentiel de disposer d'un outil informatique adapté.

L'enregistrement se fait maintenant avec des logiciels de CRM (*Customer Relationship Management*) ou Gestion de la Relation Client.

La gestion de la relation client est aujourd'hui un *business model* standard : il repose sur la connaissance étroite du client qui débute avant la vente et qui se poursuit bien au-delà de cette vente. Les programmes de fidélisation se multiplient, ceux créés en partenariat constituent des leviers de croissance. L'innovation permanente facilite la stimulation du consommateur.

Le Couplage Téléphonie Informatique permet d'optimiser la gestion de la relation client :

* reconnaissance automatique du client : affichage du dossier, prérenseignement de fiches…

* gestion multisupport : téléphone, courrier (scanné), fax, internet, courriel…

Plus de 50 % d'entreprises ont recours à l'usage de progiciels. Il existe plus de deux cents progiciels à cet effet. Les plus connus sont Coheris, Conso+, E-DEAL, PeopleSoft, SAP, Selligent, Siebel… Il y en a d'autres et certaines entreprises n'hésitent pas à créer leur logiciel spécifique ! Néanmoins, certains donnent plus satisfaction que d'autres. 23 % des entreprises interrogées lors de l'étude Amarc 2006 se sont déclarées peu ou pas du tout satisfaites. Certains

logiciels ne permettent pas de vérifier l'orthographe. Offrez-vous le diction-
naire électronique interactif Hachette.

6. Quels sont les avantages de l'e-CRM ?

* Pour le client :
  – connaissance de son profil et de ses souhaits, attentes, comportements...
  – développement de sa fidélité.
* En interne :
  – interconnexion entre toutes les bases de données ;
  – gestion de l'ensemble des données clients ;
  – mise à jour dynamique des informations ;
  – partage des connaissances ;
  – développement de la rentabilité du système mis en place.

➡ Important

Attention néanmoins aux inconvénients, principalement le coût et la mise en place.

7. Faut-il déclarer ses fichiers à la CNIL ?

La Commission Nationale de l'Informatique et des Libertés (CNIL) a été insti-
tuée par la loi n° 78-17 du 6 janvier 1978 relative à l'informatique, aux fichiers
et aux libertés qui la qualifie d'autorité administrative indépendante.

Face aux dangers que l'informatique peut faire peser sur les libertés, la CNIL a
pour mission essentielle de protéger la vie privée et les libertés individuelles ou
publiques. Elle est chargée de veiller au respect de la loi dite « Informatique et
Libertés » qui a été refondue totalement dans la loi du 6 août 2004. La nécessité
était double : transposer la directive européenne et adapter la loi aux évolutions technologiques et aux nouveaux enjeux (exemple de la biométrie).

L'enregistrement des réclamations se fait de plus en plus par électronique dans
un fichier. Il est obligatoire de déclarer son fichier à la CNIL. Déclarer, c'est
simple. La CNIL a défini des normes simplifiées (N° 48 – traitements automati-

sés de données à caractère personnel relatifs à la gestion des fichiers de clients et de prospects) : 70 % des traitements sont déjà déclarés sous cette forme. La plupart du temps, il suffit d'une simple télédéclaration sur www.cnil.fr : le traitement peut être mis en œuvre dès réception du récépissé délivré par la CNIL.

Des fichiers peuvent être exonérés de déclaration par la loi (traitements pour des activités personnelles, fichiers de membres de partis politiques, d'églises…), par la CNIL elle-même (paie du personnel, gestion des fournisseurs, listes d'adresses, associations…) ou par la désignation de correspondants à la protection des données.

Cette désignation facultative allège les formalités pour les traitements non sensibles. Le correspondant tient un registre des traitements mis en œuvre similaire au «fichier des fichiers» tenu par la CNIL et le met à jour régulièrement. Début 2007, plus de 400 correspondants avaient été nommés.

8. Faut-il prévoir le pire ?

Oui, élaborez un scénario de crise tant qu'il est temps avec la structure en charge de la communication de crise ! Imaginez les cas suivants :

- un gros bug informatique ;
- une campagne marketing mal conçue ;
- une soudaine campagne de presse contre un de vos produits provoquant une affluence soudaine de réclamations (flux à estimer) ;
- un conflit social qui va perturber votre exploitation ;
- un appel téléphonique annonçant que votre entreprise sera interviewée en direct dans une heure par Julien Courbet ou sur Europe 1.

➲ Et vous ?

Que faites-vous pour canaliser la demande et éviter l'amplification du mécontentement ?

3| Résolution

Deux possibilités :

- soit le SRC transmet la réclamation à l'entité concernée. Le directeur de l'entité ou le correspondant traite la réclamation ;
- soit le SRC répond après analyse de la réclamation : il en fait copie à l'entité concernée.

Dans les deux cas, les antécédents clients sont étudiés. La réclamation est analysée : identification des causes, proposition de solution(s), validation éventuelle par le service juridique.

Voici une démarche expérimentée maintenant depuis vingt ans pour résoudre un problème : le para-problème[1].

- **P** OSER

1. Sélectionner un problème.

2. Définir le problème et l'objectif.

- **A** NALYSER

3. Rechercher les causes possibles.

4. Vérifier les causes principales.

- **R** ÉSOUDRE

5. Rechercher les solutions.

6. Choisir une solution.

- **A** GIR

7. Mettre en œuvre le plan d'action.

8. Suivre l'action.

---

1. La démarche créée par Inergie est développée dans un autre ouvrage de l'auteur : *Conduire une démarche qualité,* Éditions d'Organisation, 2001.

1. Comment établir le non-fondé d'une réclamation ?

Le fait générateur d'une réclamation est l'écart entre une promesse achetée et la réalité perçue. La difficulté est d'identifier son bien-fondé.

1. Obtenez l'accord du réclamant sur la nature de sa réclamation.
2. Revenez au cahier des charges pour rappeler l'engagement de l'entreprise : chaque collaborateur doit connaître avec précision le périmètre de l'offre de son activité.
3. Expliquez avec empathie au réclamant le décalage entre son attente déçue et l'engagement de l'entreprise, entre qualité attendue et qualité contractualisée.
4. Faites preuve de souplesse si c'est possible : nous savons tous qu'un mauvais arrangement est souvent préférable à un bon procès.

2. Comment faire face à une grave réclamation ?

Il est important de prévoir un plan Orsec (ORganisation des SECours). Une erreur grave nécessite la mise en œuvre successive des trois modes de réponse :

- appel téléphonique immédiat ;
- courrier officiel ;
- visite du correspondant et/ou de son N+1.

3. Quelles solutions adopter ?

- Réparation.
- Remplacement (le temps de la réparation ou définitif).
- Substitution d'un produit/service similaire.
- Remboursement.
- Avoir.
- Assistance technique.
- Annonce de la modification réalisée suite à la réclamation.
- Remise sur un prochain achat, bon d'achat.
- Points de fidélité.
- Dédommagement prenant en compte l'impact de la non-qualité.
- Des regrets (mieux que les excuses à cause d'une reconnaissance implicite possible de responsabilité).

- Des gratuités de votre entreprise : produits, services…
- Chèque-cadeau, cadeau.
- Invitation à déjeuner, un spectacle…
- Bouquet de fleurs.
- Don pour des associations caritatives (mis en place chez PFG).
- …

L'UCPA (Union nationale des Centres sportifs de Plein Air) est une association à but non lucratif dont la vocation est de permettre au plus grand nombre de jeunes, sans discrimination, de s'initier aux pratiques sportives et de s'y perfectionner. L'UCPA a mesuré que le taux de re-fidélisation se montait après un remboursement à 29 % alors qu'il s'élevait à 48 % après un avoir. L'intérêt en plus d'un avoir est générateur de prestations : un stagiaire dépense en moyenne 8 fois plus que le montant de l'avoir émis.

4. Un dédommagement s'impose-t-il ?

Par dédommagement nous entendons des compensations autres que celles prévues au contrat. La réponse à cette question dépend de la nature de la réclamation et de l'importance économique du réclamant.

Elle renvoie en fait à la politique commerciale de l'entreprise. L'équilibre doit être trouvé entre, d'un côté souplesse due à la personnalisation et générosité pour pallier l'erreur commise, et de l'autre côté risque de créer des précédents. Pour information, 36 % des entreprises interrogées dans l'étude Amarc 2006 utilisent des grilles de dédommagement.

En 2005, quel pourcentage de réclamations a donné lieu à un dédommagement ?		
	Nombre d'entreprises	% citations
0 % - 10 %	8	24
10 % - 30 %	5	15
30 % - 50 %	8	24
50 % - 90 %	8	24
plus de 90 %	4	13
Total	33	100

5. Qui sont les payeurs?

Plusieurs réponses pouvaient être cochées par les entreprises interrogées dans l'étude Amarc 2006.

Décideurs de l'entreprise pour les dédommagements accordés	
	Nombre d'entreprises
Service réclamation	40
Direction générale	12
Commercial terrain	10
Service à l'origine de la réclamation	8
Total	70

Le service réclamation, dans la plupart des entreprises, joue un rôle majeur en ce qui concerne les dédommagements accordés. Mais ce n'est pas toujours lui qui débourse...

Services qui supportent les coûts des dédommagements	
	Nombre d'entreprises
Service à l'origine de la réclamation	45 %
Service réclamation	36 %
Frais généraux	19 %
Total	100 %

Résoudre demande de s'appuyer sur l'intelligence relationnelle de l'équipe SRC. On pourrait dire : autant de réclamations, autant de solutions. À situation de crise, réponse de crise. C'est pourquoi prendre en compte l'impact d'une réclamation est essentiel. Deux entreprises l'ont bien compris.

Prendre en compte l'impact d'une réclamation

- Orange propose six attitudes clés pour développer la « Client Attitude » :
1. la confiance *a priori;*
2. l'écoute active;
3. l'empathie, le sourire;
4. la prévenance;
5. l'intelligence dans l'application des procédures;
6. la vérification de la satisfaction effective du client.

La 5ᵉ attitude est un véritable challenge pour chacun : il s'agit de concilier rigueur et homogénéité *versus* souplesse et personnalisation. De quoi devenir schizophrène, mais c'est tout l'art de concilier l'esprit et la lettre…

- Chez Accor Hôtellerie, 8 personnes traitent 14 000 réclamations annuelles avec des procédures codifiées qui leur laissent tout de même une grande marge de manœuvre. Elles peuvent décider en toute autonomie d'accorder un dédommagement de 100 euros à un client mécontent[1].

---

1. *In Courrier Cadres,* juin 2006.

Il s'agit de communiquer au réclamant la réponse de l'entreprise.

1. Comment répondre selon le mode de transmission ?

Réponse / Réclamation	par téléphone	en face-à-face	par courriel	par courrier
par téléphone	100 %	+ visite si gravité	Si besoin d'une confirmation	+ pièces justificatives, preuve de dépôt…
en face-à-face	+ complément d'info	100 %		+ complément d'info
par courriel	+ complément d'info	+ visite si gravité		
par courrier	+ rapidité, contact humain, risque de litige	+ visite si gravité	+ rapidité	50 % à 100 %

Comment répond l'OPAC du Grand Lyon selon le mode de transmission ?

Réponse / Réclamation	par téléphone	en face-à-face	par courriel	par courrier
par téléphone	100 %	+ 70% par le chargé clientèle ou le partenaire		+ 5% envoi de documents
en face-à-face	+ 50% par le chargé de clientèle	100 %		+ 10%
par courriel	+ 1%	+ 1%	100%	+ 1%
par courrier	25 %	25 %		50 %

Nous militons en fait pour une réponse réactive et interactive, ce qui place le téléphone avant le courriel. Une raison supplémentaire pour recommander le téléphone est que ce canal assure une plus forte satisfaction du réclamant.

Les résultats du premier prix Amarc sont très éclairants à cet égard. Sur un échantillon de 1 235 réclamants interviewés, la réponse par téléphone satisfait le réclamant sensiblement plus que le canal de l'écrit. C'est bien la preuve que réactivité et personnalisation sont bien les deux critères essentiels.

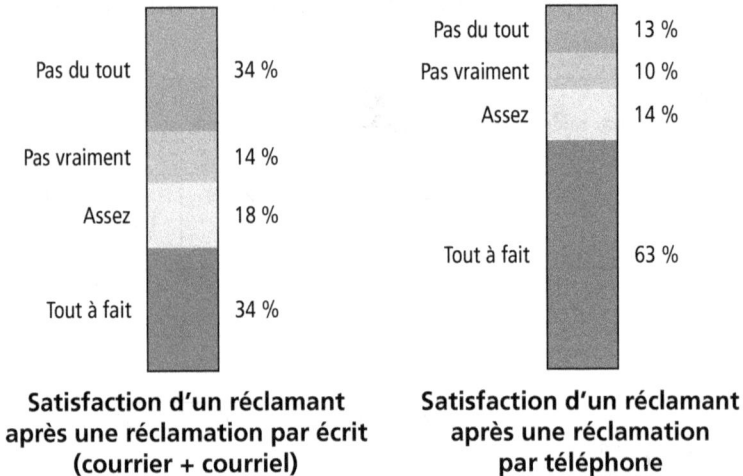

		Pas du tout	13 %
Pas du tout	34 %	Pas vraiment	10 %
		Assez	14 %
Pas vraiment	14 %		
Assez	18 %		
		Tout à fait	63 %
Tout à fait	34 %		

Satisfaction d'un réclamant après une réclamation par écrit (courrier + courriel)

Satisfaction d'un réclamant après une réclamation par téléphone

La réponse par téléphone

La réponse par téléphone présente de nombreux avantages.

- Pour le client :
  - il n'est pas obligé de se déplacer ou d'écrire ;
  - il perçoit une image de réactivité ;
  - il est écouté ;
  - il peut préciser les conditions ou l'impact du dysfonctionnement ;
  - l'interactivité favorise le sentiment d'être compris (et peut servir de soupape informelle et directe) ;
  - le traitement est personnalisé ;
  - la réponse est immédiate le plus souvent ;

– en cas de désaccord, la négociation est plus rapide.

- Pour l'entreprise :
  – le dialogue facilite la compréhension de la réclamation ;
  – le traitement du dossier est plus rapide ;
  – la réponse téléphonique nécessite moins d'investissement (temps...) que l'élaboration d'un courrier ;
  – l'oral permet de dire des choses qu'il serait maladroit ou compliqué d'écrire ;
  – le maintien (ou la restauration) de la confiance est facilité.

Exemple : La Poste favorise maintenant le téléphone pour recueillir les réclamations de jeunes.

Attention néanmoins aux limites : le téléphone exige une disponibilité totale, rend difficile la priorisation des tâches à effectuer, ne favorise pas le recul, soulève le risque d'interprétation et reste immatériel (absence de traçabilité sauf enregistrement).

La réponse par courriel

Les avantages d'une réponse par courriel aussi sont multiples.

- Pour le client :
  – réactivité (délai/demande) ;
  – rapidité d'acheminement ;
  – gratuit ;
  – image de modernité ;
  – aucune contrainte horaire ;
  – même valeur juridique qu'un courrier ;
  – moindre formalisme de la réponse : facilité de la compréhension ;
  – possibilité de transfert rapide en interne.
- Pour l'entreprise :
  – aide à la priorisation des réponses ;
  – coût avantageux/téléphone et courrier (pas de routage) ;
  – souplesse du moment de la réponse ;
  – diminution du délai de traitement par une demande immédiate de complément d'information ;
  – facilité d'archivage ;

– rapidité de la recherche électronique ;
– valeur juridique plus forte qu'une conversation ;
– moindre formalisme de la réponse : gain de temps ;
– pas de consommation de papier (si on n'imprime pas !).

Les inconvénients du courriel peuvent être l'exigence de rapidité, le risque d'oublier d'effacer les messages intermédiaires et l'incitation au RE-RE (au bout de 3 RE-RE-RE, il est préférable de changer de canal et d'utiliser le téléphone). D'autres écueils possibles sont le poids des pièces jointes, l'image d'une moindre importance par rapport à un courrier, la soumission à des aléas techniques. En règle générale[1], le courriel est un excellent outil pour transmettre de l'information, mais les émotions passent mieux par d'autres médias. Il vaut donc mieux éviter le message électronique pour toute négociation sensible.

2. Comment répondre ?

Dans la très grande majorité (80 %), les entreprises traitent toutes leurs réclamations clients en interne. Question de confidentialité ? D'efficacité ? De coût ?

Sous-traitez-vous une partie de votre processus des réclamations clients ?		
	Nombre d'entreprises	% cit.
À un sous-traitant en France métropolitaine	10	19
À un sous-traitant offshore	1	2
Non, tout est traité en interne	42	79
Total	53	100

---

1. Étude publiée en 2006 par l'université de Chicago Graduate School of Business.

Pour ou contre des lettres types ?

Avantages	Inconvénients
– Rapidité : pas de relecture – Moindre coût : réponse rapide, pas besoin de rédacteurs – Moindre risque juridique car maîtrise de l'écrit – Moyen adapté en cas de crise – Homogénéité de communication	– Dépersonnalisation, manque de reconnaissance – Risque de réponse inadaptée ou incomplète – Perte d'image lors d'une 2ᵉ réponse similaire

Le mieux est la semi-personnalisation : un tronc commun et un doigt de style personnel ! Écrivez des structures de scripts ou des paragraphes types.

Environ 3/4 d'entreprises utilisent aujourd'hui des bibliothèques de motifs de réclamations et de réponses types.

Comment signer ?

Plusieurs signatures sont possibles :

- prénom, nom, conseiller(ère) clientèle, téléphone ;
- prénom, conseiller(ère) clientèle, téléphone ;
- pseudo de nom et prénom féminin : exemple d'un distributeur *business-to-customer* ;
- p. o. (pour ordre) ;
- ...

Le conseil est de personnaliser le courrier, donc de le signer de votre nom. Une double signature n'est pas conseillée. La double signature (SRC/entité concernée) présente quatre risques : délai, déresponsabilisation, suppression d'une possibilité de recours et perte de l'unicité de la voix de l'entreprise.

Exemple : France Télécom fait signer le directeur mais donne un contact.

1. Définir les modalités de clôture

La date de clôture d'une réclamation est essentielle pour calculer le délai moyen de réponse de l'entreprise. Il revient à chaque entreprise de définir ses modalités de clôture (un ou plusieurs niveaux). Il est également souhaitable de s'assurer que le réclamant est informé des autres formes de recours internes et externes mis à sa disposition.

Exemples de date de clôture

- Date de la réponse (la plupart des cas).
- Date de la mise en œuvre de la solution.
- Aucune relance du réclamant une ou plusieurs semaines après l'envoi de la réponse.
- Date de la mise en œuvre de l'action corrective (bon de livraison, bon d'intervention…).

Clore rapidement permet de gagner de l'argent. Tel ce distributeur qui a raccourci ses délais d'encaissement de 3 mois sur une moyenne de litiges de 300 000 € : le gain est évalué à 4 500 €/an.

Quel est le délai moyen de traitement d'une réclamation client ?		
	Nombre d'entreprises	En %
Moins de 5 jours	17	35
Entre 6 et 10 jours	12	25
Entre 11 et 15 jours	10	20
Entre 15 et 20 jours	7	14
Plus de 20 jours	3	6
Total	49	100

L'étude Amarc 2006 donne un délai moyen de réponse aux courriers de 11 jours. Acceptons ce chiffre qui nous semble optimiste car il n'intègre pas le biais traditionnel des études auto-administrées : ne répondent que les entreprises les plus motivées, appartenant en plus à la population des adhérents de l'Amarc.

Les progrès sont possibles. On se souvient du huitième engagement, dit de courtoisie, issu des neuf engagements d'EDF-GDF Services[1] élaborés en 1994 : « Vous avez pris la peine de nous écrire, nous nous engageons à vous répondre dans les 8 jours. »

Or nous savons que les deux critères essentiels pour traiter une réclamation sont la réactivité et la personnalisation. Nous verrons plus loin que l'empathie favorise une relation personnalisée. Pour la rapidité, il faut aller vite, le seigneur de La Palice n'aurait pas dit mieux.

➲ Corollaire

Répondre tout de suite, les 8 jours étant le délai que pourrait se fixer tout SRC.

Notre recommandation est double : répondre par téléphone pour des raisons de réactivité, d'écoute personnalisée, de moindre coût, de maintien de la confiance... ou accuser réception par fax ou courriel dans les 24 ou 48 heures pour éviter le trou noir de l'attente.

Exemple : les AGF déclenchent automatiquement une réponse d'attente si le délai pressenti pour apporter une solution dépasse deux jours.

Exemple : la « sunset rule » instaurée chez Valeo Distribution France.

	Important	Moins important
Urgent	24 heures	délais demandés
Non urgent	délais demandés	semaine

---

1. Ce document est disponible dans notre livre : *Conduire une démarche qualité*, Éditions d'Organisation, 2001.

2. Et si le réclamant re-réclame ?

Il faut « déclore » la réclamation si le réclamant n'est pas satisfait du traitement plutôt qu'en ouvrir une autre puisqu'il s'agit de la même réclamation.

Exemple : Michelin a un critère qualité de taux de réouverture de dossiers < 2 %.

Mais certaines entreprises ne peuvent pas éviter le solde informatisé de la réclamation.

Exemple : EDF Entreprises crée une « réclabis ».

Il convient dans tous les cas de réexaminer la nature de la réclamation.

Exemple : France Télécom à la seconde réclamation réexamine le dossier. Ceci donne lieu à geste commercial si l'entreprise n'avait pas bien traité la réclamation (rare) ou à la communication du nom et de l'adresse du médiateur (l'opérateur ne peut le saisir directement).

La plupart des entreprises mettent en place un dispositif de second niveau. C'est obligatoire par exemple pour les compagnies d'assurances. Ils prévoient la possibilité d'une escalade du réclamant : c'est en fait la proposition d'un appel, d'une seconde instance, voire d'une troisième instance comme le propose HSBC. Tous les relevés bancaires que la banque émet comportent au dos la « Charte de la Médiation » et une présentation de la démarche à suivre en cas de réclamation.

Démarche à suivre en cas de réclamation chez HSBC

«À qui devez-vous vous adresser pour régler un litige?

– Votre premier interlocuteur : votre agence

Vous pouvez, d'abord, faire part de votre désaccord ou de votre insatisfaction auprès de votre interlocuteur habituel dans votre agence, et vous rapprocher ensuite du directeur de l'agence si vous le jugez nécessaire.

– Votre deuxième interlocuteur : la Direction Générale

Si la solution proposée par votre agence ne vous satisfait pas, vous avez la possibilité de vous adresser à la Direction Générale de HSBC en écrivant à…

– En dernier recours, le Médiateur

Si vous n'arrivez pas à régler un litige avec votre agence ou avec la Direction Générale, vous pouvez vous adresser, en dernier recours, au Médiateur.

Le Médiateur exerce sa fonction en toute indépendance, dans le cadre de la «Charte de la Médiation» reprise dans ce document. Il a pour mission de résoudre les conflits entre les clients et la Banque.

Pour le saisir, il vous suffit d'adresser un dossier en expliquant votre situation et les démarches déjà entreprises, à l'adresse suivante…

Après avoir examiné votre dossier, le Médiateur vous informe de sa décision dans un délai rapide (2 mois au maximum). La décision, si vous l'acceptez ainsi que la Banque, est mise en œuvre par votre agence.»

Si vous devez nommer un médiateur, validez le fait que lui sont reconnues au moins les trois qualités d'impartialité, de compétence et d'autorité. La procédure de médiation doit aussi être gratuite.

Voici deux exemples de procédures de traitement des réclamations : le premier intègre bien la date de clôture, le second la passe sous silence.

Procédure de traitement des réclamations chez Ventana (matériel médical)

- Identifier le correspondant
  - saisir date et heure
  - noter téléphone, fax, courrier
- Accuser réception
  - téléphone : prendre en charge immédiatement
  - fax : prendre en charge immédiatement
  - courrier : répondre sous 24 h ou téléphoner
- Enregistrer

1. Poser le problème
  - demander une description précise des faits, rechercher l'historique
  - sécuriser les tests

2. Analyser le problème
  - organiser une réunion interne pour vérifier les causes principales
  - si difficulté, transmettre à la maintenance ou à la logistique

3. Résoudre
  - rechercher les solutions avec le client selon les ordinogrammes
  - choisir les solutions

4. Agir
  - mettre en œuvre le plan d'action
    - *solution trouvée : clore le dossier*
    - *solution non trouvée : informer le commercial et le client du délai prévisible de réponse, mettre en place un plan d'action*
  - rappeler le client systématiquement avant clôture

- Clore
  - saisir toutes les données sur informatique (pour capitalisation)
  - vérifier que le client a bien été rappelé
  - classer dans le tableau des clôtures
  - intégrer dans le rapport hebdomadaire des réclamations pour informer les autres services.

Procédure de traitement des réclamations à la SMABTP (compagnie d'assurances pour le BTP)

– Les six engagements de la Délégation Méditerranée et de tous les collaborateurs de cette Délégation.

La Délégation Méditerranée de la SMABTP a mis en place une procédure spécifique pour :

- fidéliser le client par la prise en charge de sa réclamation ;
- démontrer sa capacité d'écoute et de dialogue avec un client qui a manifesté sa déception ;
- analyser objectivement les réclamations pour adapter les méthodes, produits ou comportements.

1. Toute réclamation écrite marquant une insatisfaction exprimée par un sociétaire ou un assuré sur la qualité du service rendu, reçue par un collaborateur de la Délégation, est remise par celui-ci à son responsable hiérarchique au plus tard le surlendemain de sa réception.

2. Le responsable hiérarchique téléphone au sociétaire ou à l'assuré au plus tard le surlendemain du jour où il a pris connaissance de la réclamation. Il écoute ainsi celui-ci s'exprimer, apporte immédiatement une réponse lorsque cela est possible et s'engage de toute façon sur un délai de réponse écrite n'excédant pas 15 jours.

3. Après consultation du dossier, la réponse est rédigée en commun par le collaborateur et le responsable hiérarchique, signée par celui-ci et expédiée dans le délai convenu.

4. Un double de la réponse, accompagné de la lettre de réclamation, est systématiquement adressé au correspondant Qualité.

5. Ce dernier intègre ces informations dans les indicateurs de suivi des réclamations écrites comportant notamment les éléments d'information suivants : nombre de courriers de réclamations reçus, motifs des réclamations, domaines d'activité concernés, délais de réponse.

6. Chaque trimestre, les informations sont restituées à l'ensemble des collaborateurs de la Délégation sous forme de tableau récapitulatif affiché dans chaque site.

Suivi

La plupart des entreprises calculent un taux de réclamation. Il se présente sous forme de ratio : nombre de réclamations clients sur l'indicateur le plus pertinent de l'activité de l'entreprise. Cela peut être le nombre de clients, assurés, passagers transportés, contacts clients, demandes clients, CA, unités consommateurs vendues, voyageurs, actes traités, prestations fournies, interventions réalisées, produits, commandes, livraisons, volume vendu, tonnes vendues ou expédiées, chambres louées, contrats, factures envoyées, lignes (références), courriers reçus…

Certaines entreprises mesurent aussi le poids financier des réclamations/poids du portefeuille.

Bien sûr le ratio peut ensuite être éclaté par unité de temps, par site de production, par famille de produits…

Le suivi permet d'agréger toutes les réclamations et de publier un tableau de bord.

1. La démarche de suivi

La démarche est simple :

- agréger toutes les réclamations ;
- publier le tableau de bord de suivi des réclamations :
  - reçues (important de préciser qu'il ne s'agit que du haut de l'iceberg) ;
  - acceptées ;
  - résolues à la source ;
  - traitées dans les délais ;
  - non résolues après x mois ;
  - retournées…
- suivre aussi les montants des compensations, avoirs, gratuités…
- penser à s'assurer si possible de la satisfaction du client (important en *business-to-business*) : c'est le principe du bouclage par le client.

2. Les indicateurs

➔ Points clés

– Le meilleur indicateur à notre avis est le délai de réponse. Il est synonyme d'efficacité et il intègre la qualité puisqu'une mauvaise réponse rouvrira vraisemblablement le dossier.

– Le nombre de réclamations est un indicateur à double tranchant. Il ne faudrait ni culpabiliser ni pénaliser ceux qui remontent des réclamations. Nous déconseillons d'en faire un outil de benchmarking interne.

Le tableau de bord est en général diffusé assez largement en interne.

Services à qui les indicateurs sont diffusés

	Pour 58 entreprises
Direction Générale	43
Direction Qualité/R & D	37
Direction Commerciale	34
Service réclamation client	33
Direction Marketing	29
Tout collaborateur interne	17

Selon les entreprises, d'autres directions peuvent être destinataires des indicateurs : comités de direction de directions régionales, tutelles, autorité organisatrice, élus régionaux, direction exploitation, direction service client, direction financière, pouvoirs publics, direction gestion des sinistres, service achats, direction industrielle…

Exemples d'indicateurs

Réclamant
- Âge, sexe, profession, région, première réclamation
- But recherché
- Client ou pas

Réclamation
- Nature, cause, date
- Origine géographique
- Volume, point d'entrée
- Canal de transmission
- Secteur de l'entreprise

Indicateurs du tableau de bord

Traitement
- Délai de réponse, dédommagement (mode et coût)
- Re-satisfaction (ré-achat, départ, étude de satisfaction)
- Taux de retour (réclamations ré-ouvertes)

Le suivi consiste aussi à surveiller le bon fonctionnement de son processus. Il s'agit :

- d'auditer régulièrement les performances de votre processus : efficacité et conformité;

- de s'assurer du soin apporté dans la base informatique à la conservation de supports tels que fichiers électroniques, enregistrements magnétiques…

- de surveiller la gestion des enregistrements : stockage, élimination… (2 ans minimum selon les règles de certification AFAQ-AFNOR-NF345);

- de vérifier la tenue des enregistrements par chaque collaborateur de votre équipe de façon aléatoire mais régulière.

Ce dernier point incite à proposer une double écoute ou enregistrement à but de progrès.

Le conseil est d'utiliser ce compagnonnage. Mais il est indispensable de prévenir salariés, syndicats et clients pour éviter le sentiment de défiance et de « flicage » et pour se conformer à la législation : www.cnil.fr/index.

Exemples de tableaux de bord

Évolution du nombre de réclamations

	Nombre de réclamations	Nombre de retours dus à une solution apportée non satisfaisante	Évolution/année précédente
Année N-2	6 492	772	11,9 %
Année N-1	8 530	994	11,6 %
Année N	8 100	414	5,1 %

Mesure de la fidélisation et de la recommandation de clients

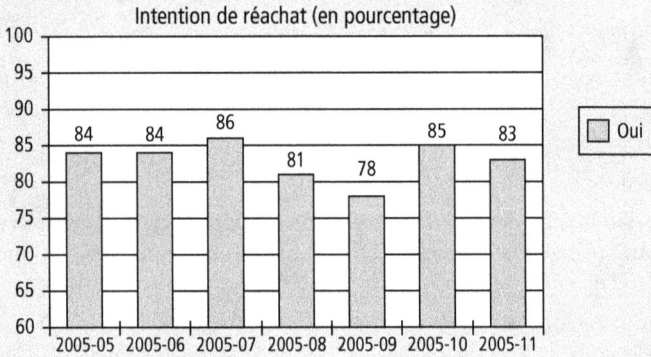

Intention de réachat (en pourcentage)

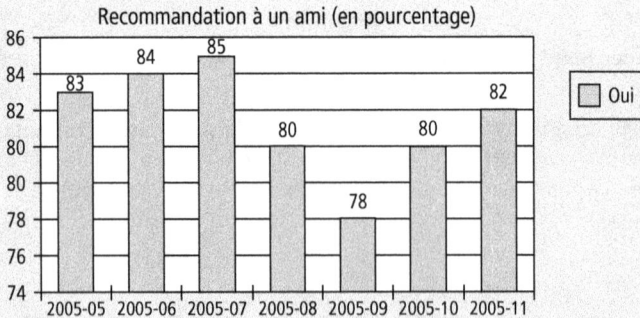

Recommandation à un ami (en pourcentage)

Exemples de tableaux de bord (suite)

Suivi mensuel des appels téléphoniques

	Juil.	Août	Sept.	Oct.	Nov.	Déc.
Nombre total d'appels	11 572	12 738	14 983	12 612	12 997	14 157
Réponse en moins de 30″ des agents	76,4 %	70,1 %	80,4 %	66 %	68,5 %	66,7 %
Réponse en moins de 30″ du serveur vocal interactif	77,7 %	75,2 %	84,2 %	71,8 %	74,3 %	73,6 %
Nombre d'appels entrants proposés	8 177	9 102	9 428	8 064	8 818	10 071
Nombre d'appels entrants pris en charge	7 818	8 010	9 021	7 635	8 347	9 454
Durée d'un appel entrant	3′45	3′20	3′10	3′31	3′27	3′43
Temps de réponse	5″	6″	5″	6″	5″	5″
Nombre d'appels sortants	3 302	3 100	3 770	3 403	2 795	2 204
Durée d'un appel sortant	2′15	2′14	2′20	2′13	2′16	2′15

7 Exploitation

Le traitement des réclamations ne s'arrête pas à leur clôture. Loin s'en faut, c'est tout l'enjeu de l'amélioration du fonctionnement de l'entreprise et celui de l'aide à l'animation managériale. Il est essentiel de mener, au-delà des actions curatives, des actions correctives et préventives :

- action curative (réactivité et visibilité par le client) pour éliminer une non-conformité détectée ;
- action corrective (qualité) pour éliminer la cause d'une non-conformité détectée ou d'une autre situation indésirable ;
- action préventive (marketing) pour éliminer la cause d'une non-conformité potentielle ou d'une autre situation potentiellement indésirable.

C'est la progression classique. Exemple d'une crevaison : rustine ou bombe, nouvelle chambre à air, pneu increvable (le Michelin PAX System !).

Ces actions s'intègrent dans un cercle vertueux et dynamique que les qualiticiens connaissent bien : la roue de l'amélioration continue de Deming. Tout d'abord fixer les objectifs, puis agir, mesurer, piloter et recommencer par de nouveaux objectifs…

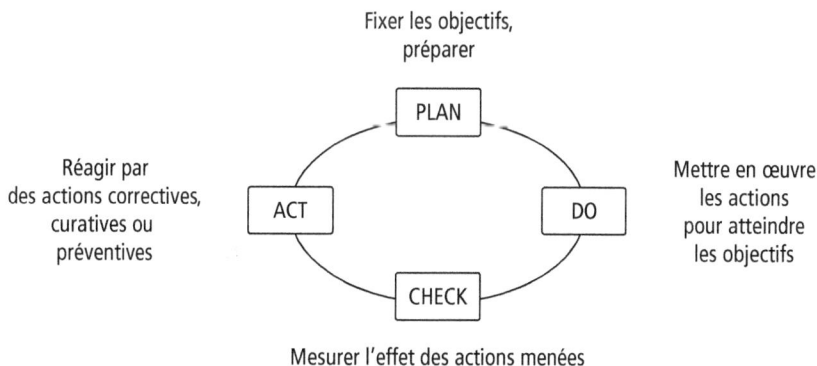

Fixer les objectifs,
préparer

PLAN

Réagir par
des actions correctives,
curatives ou
préventives

ACT

DO

Mettre en œuvre
les actions
pour atteindre
les objectifs

CHECK

Mesurer l'effet des actions menées

Cinq exemples d'exploitation

- Apple détermine toutes les semaines à partir des appels enregistrés sur sa hotline la liste des 10 problèmes majeurs rencontrés par ses clients. Les ingénieurs s'en servent pour améliorer les nouvelles versions d'ordinateurs, mais aussi pour définir de nouveaux produits.
- Les techniciens du SAV de Rank Xerox (2 000 personnes, soit près de 50 % des effectifs du groupe en France) participent à un programme mondial de suggestions sur la conception et l'amélioration des produits.
- La multiplication de plaintes sur un même produit débouche chez Brandt sur des modifications de produit, de présentation, de mode d'emploi.
- Chez Boulanger, chaque vendeur doit émettre trois «regrets» par semaine. Ils traquent et chassent ainsi en permanence l'insatisfaction des clients.
- L'Opac du Grand Lyon a décidé d'offrir à tous ses clients le guide du locataire pour prévenir un grand nombre de questions légitimes : formalités, calcul des charges locatives, droits et devoirs…

Plan d'action OPAC du Grand Lyon élaboré en équipe

- Simplifier l'applicatif du processus de traitement des réclamations.
- Diminuer le délai de traitement des réclamations.
- Utiliser les réclamations comme une source d'amélioration : rôle de veille, d'alerte, de progrès…
- Mieux communiquer en interne la voix du client mécontent.
- Sensibiliser/former/motiver les collaborateurs au traitement des réclamations.
- Améliorer la remontée d'informations vers le SRC.
- Externaliser les appels lors de campagnes ponctuelles.
- Créer une synergie avec les autres services.

1. Quelles actions choisir en priorité?

Il est important de hiérarchiser les actions en conciliant leurs résultats attendus avec l'effort pour les produire.

Impact sur l'amélioration \ Effort prévisible	Important	Minime
Fort	Priorité n° 2	Priorité n° 1
Secondaire	Pas une priorité	Priorité n° 3

La tendance est à inverser les priorités 2 et 3. C'est vrai aussi que des *quick wins* donnent confiance...

2. Quelques conseils pour éviter les réclamations et pour capitaliser son expérience

1. Partagez l'information au sein de votre SRC

- analysez ensemble et régulièrement les résultats;
- créez un glossaire des termes de votre entreprise, des liens de site...
- élaborez une «bible»: «Comment déminer les 10 motifs d'un client mécontent?»;
- publiez et mettez à jour les FAQ: *Frequently Asked Questions* ou Foire Aux Questions;
- publiez les *success-stories* de résolution de réclamations;
- organisez un concours au sein de votre équipe: meilleure réponse, meilleur argumentaire...

2. Progressez ensemble

- revisitez votre processus avec les lignes directrices de la norme ISO 10002:2004;
- formez vos équipes fréquemment;
- responsabilisez plus votre personnel (*empowerment*);

- proposez des améliorations de produits/services ;
- animez des groupes de travail *ad hoc* pour éviter la récurrence des solutions palliatives ;
- établissez un diagnostic des solutions apportées ;
- organisez des visites de clients mystères ;
- menez des audits qualité ;
- recueillez auprès des clients perdus leur témoignage, non pas pour les récupérer, mais pour éviter pareil incident à d'autres ;
- intégrez le suivi des réclamations clients dans le baromètre clients de l'entreprise avec la satisfaction, les résiliations/clients perdus...
- vérifiez la « re-satisfaction » du réclamant : appelez (en cas d'enjeu important) le réclamant 2-3 semaines après la résolution pour restaurer la confiance par une démarche active.

3. Généralisez les solutions retenues

Un large champ de progrès est ouvert.

Exemple : Accor a mis en place le dispositif « Copier c'est gagner » pour faciliter l'appropriation des nouvelles pratiques par tous.

4. Intégrez le traitement des réclamations dans votre démarche qualité pour lui donner consistance. On le retrouvera à chaque astérisque.

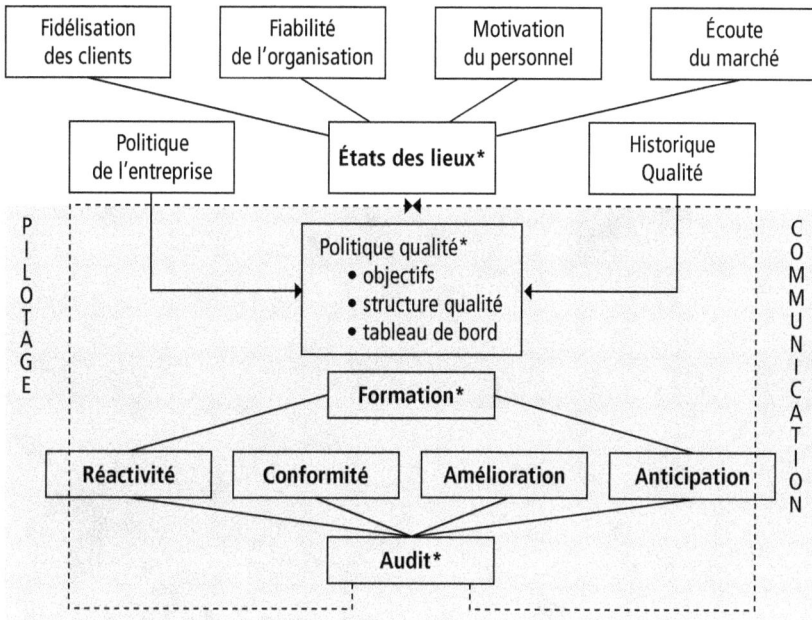

La démarche du Mouvement Français pour la Qualité a oublié, de notre point de vue, la réactivité qui est le degré zéro de la qualité :

0. Réactivité : réactif

1. Conformité : curatif

2. Amélioration : correctif

3. Anticipation : préventif.

Si votre robinet d'eau fuit, il faut d'abord arrêter l'écoulement avant de songer à la réparation.

Quand souffle le feu de la non-qualité, le pompier passe avant le policier.

4

SAVOIR RÉPONDRE
À UNE RÉCLAMATION

Tout l'enjeu du traitement des réclamations est de transformer un motif de mécontentement en un sentiment de satisfaction.

L'art de la réponse passe par 20 % de méthode et 80 % d'empathie.

1 Quelques principes de communication interpersonnelle

1. Fondamentaux de communication

On ne peut pas ne pas communiquer

Même quand quelqu'un se tait, même quand il ne veut pas communiquer, il communique.

Tout est communication

Le statut hiérarchique de celui qui s'exprime, le contexte de la communication, les liens entre les personnes donnent un sens aux messages échangés. Tous les signes, le langage verbal et non verbal, l'apparence, l'image d'une personne, la couleur de ses vêtements, le débit de sa voix, le silence, l'environnement de travail... tout contribue à la communication.

Les études d'impact d'une communication montrent que le langage que nous avons appris à l'école, le verbal, est loin de couvrir toutes les facettes d'une bonne communication. L'impact du langage dépend en fait du contexte de l'entretien[1].

L'impact de la communication	Contexte sans enjeu	Enjeu de persuasion
Le visuel : l'attitude, les gestes, le regard, le maintien, l'environnement...	55 %	15 %
Le vocal : le ton, le timbre, le rythme, l'intonation, l'accent, les silences...	38 %	32 %
Le verbal : le sens des mots, le vocabulaire...	7 %	53 %

---

1. Études d'impact d'une communication menées par Albert Mehrabian – UCLA en 1967 pour un contexte sans enjeu et par Judee Burgoon en 1996 pour un contexte avec un enjeu de persuasion.

Rencontrer l'autre passe par l'acceptation de sa différence

Deux comportements sont essentiels : empathie, intelligence relationnelle. Il est important de comprendre le référentiel de l'autre. Le bon navigateur ne négocie pas avec les écueils, il les évite.

- La souplesse relationnelle, la capacité à s'ouvrir et à s'adapter à son interlocuteur.

C'est le récepteur qui crée le message !

Ce que nous avons communiqué est ce que l'autre a compris. Le seul moyen de savoir ce que l'on a communiqué n'est pas de revenir sur l'intention initiale, mais consiste à recueillir ou observer la réaction de son interlocuteur : c'est le *feed-back*.

2. Les sept étapes du schéma de communication

Le schéma des communications permet d'identifier les sept étapes par lesquelles passe tout message, qu'il soit oral, écrit, électronique…

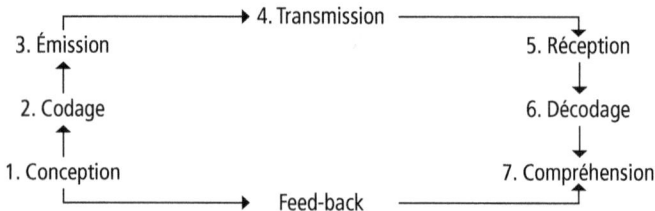

```
                    ┌──────────► 4. Transmission ──────────┐
       3. Émission                                    5. Réception
           ↑                                              ↓
       2. Codage                                      6. Décodage
           ↑                                              ↓
       1. Conception                                  7. Compréhension
           └──────────────► Feed-back ──────────────────┘
```

Le cheminement du message montre que le processus de communication comprend sept étapes :

1. Entre ce que je pense…

2. Ce que je veux dire…

3. Ce que je dis…

4. Ce que vous pouvez entendre…

5. Ce que vous entendez…

6. Ce que vous pensez comprendre…

7. Ce que vous comprenez…

Il y a sept possibilités de ne pas se comprendre !

2 Éléments de psychologie du réclamant

Tout client craint deux choses à l'achat : se tromper et être trompé. Sa réclamation montre que sa crainte était fondée. Il va spontanément donner plus d'importance à son problème pour obtenir un dépannage plus rapidement : la fuite d'eau au robinet deviendra une inondation.

L'OPAC du Grand Lyon a décidé d'inviter une fois par mois au siège des présidents de comité de locataires pour leur montrer comment est traitée une réclamation. Tous les litiges sont examinés. Les présidents repartent enchantés, ont pris confiance dans le service et deviennent des relais et défenseurs de l'organisme vis-à-vis des locataires. Les maîtres mots sont donc l'apaisement et la restauration de la confiance.

Trois grilles d'analyse facilitent la compréhension de l'état d'esprit du réclamant et de ses attentes.

1. Analyse en fonction du comportement de l'émetteur

Reprenons le schéma présenté au début de l'ouvrage :

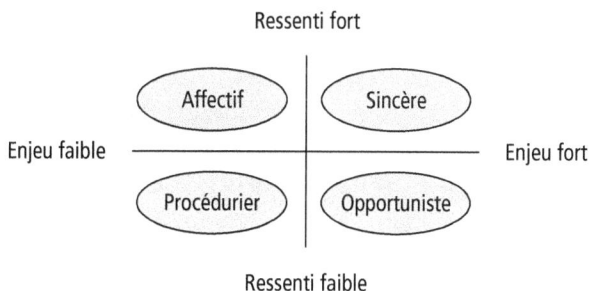

Les stratégies de réponse sont différentes selon le comportement de l'émetteur.

Affectif	Procédurier	Opportuniste	Sincère
Crie une forte insatisfaction pour peu de chose	Déclare une froide insatisfaction qui reste minime	Fait jouer une prétendue forte insatisfaction	Argumente une vive insatisfaction fondée
Cherche de la reconnaissance	Cherche la petite bête	Cherche la bonne affaire	Cherche à récupérer son dû
L'écouter, compatir, le chouchouter	Répondre factuellement à son « pinaillage » et le remercier s'il a trouvé une erreur	Vérifier l'impact et négocier si la réclamation est fondée : « À titre exceptionnel... »	Le satisfaire rapidement et le remercier de sa confiance

2. Analyse en fonction de l'âge du client

Autre analyse possible, celle proposée par le sociologue Jean-Luc Excousseau qui propose une segmentation des clients en fonction de leur âge et qui identifie quatre générations[1] :

1. Les cocos (collectifs concrets) nés avant 1941 : génération héritage

Ils attendent le respect (qu'on y mette les formes), la sécurité (pas de prise de risque).

• En cas de conflit : savoir argumenter (sensibilité à l'objectivité), faire valoir l'autorité qui vient de l'expérience professionnelle.

2. Les bobos (bourgeois bohèmes) nés entre 1942 et 1967 : génération naturel

Ils attendent une personnalisation de la relation (impression de traitement de faveur), une prise en charge (les libérer de tout tracas, assumer à leur place).

• En cas de conflit : sécuriser, battre sa coulpe, compatir (« nous sommes désolés, vous comptez tant pour nous... »).

3. Les momos (mobiles moraux) nés entre 1968 et 1976 : génération réseaux

Ils attendent des services qui leur facilitent la vie (club de sport, crèche...), des offres innovantes de fidélisation, du *low-cost*.

---

1. Jean-Luc Excousseau, *La mosaïque des générations*, Éditions d'Organisation, 2000.

- En cas de conflit : ils attendent leur dû, tout leur dû (ne pas compter sur l'empathie : génération juridique); ils vont à l'essentiel (faire court et direct; être carré, clean et clair).

4. Les yoyos (*young yobbos*) nés avant 1977 : génération mosaïque

Ils attendent de l'interactivité et de la réactivité (le court terme), de la proximité (le sentiment d'appartenance à un groupe restreint), du ludique.

- En cas de conflit : désamorcer par l'humour, inviter à la connivence («on se comprend malgré tout»)...

3. Troisième approche : le diagramme de Kano

Troisième approche pour appréhender la psychologie d'un réclamant : le diagramme de Kano[1]. Cette approche est utilisée pour analyser qualitativement les attentes clients. Noriaki Kano considère que les attentes d'un client peuvent être catégorisées en obligatoires, proportionnelles et attractives.

Double intérêt :

- repérer les fonctions attractives pour anticiper et être le premier à concevoir une réponse à un besoin nouveau;
- mettre en valeur que les fonctions attractives évoluent et qu'elles deviennent avec le progrès proportionnelles, puis obligatoires.

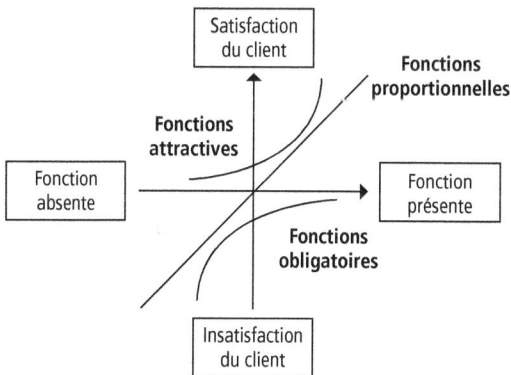

---

1. Le diagramme de Kano créé en 1984 est le fruit des travaux du professeur Noriaki Kano, de l'université Rika à Tokyo.

L'utilisation du diagramme de Kano facilite la compréhension de l'état d'esprit du réclamant qui sera :

- intransigeant si son insatisfaction provient d'une fonction obligatoire : exemple un défaut sur les freins lors de l'achat d'une voiture ;

- mécontent à proportion de l'absence de la fonction proportionnelle : exemple d'une livraison incomplète, même si elle est facturée au prorata de ce qui a été réellement livré ;

- déçu s'il s'agit d'une fonction attractive non satisfaite : exemple du cadeau non reçu lors d'une promotion.

4. Analyse des verbatim

Verbatim est un mot qui vient du latin *verbum* (en français, mot). Employé comme adverbe, il signifie « textuellement » ou « mot pour mot » ou encore « texto ». Employé comme nom commun (au masculin), il désigne une citation textuelle, mot à mot d'une allocution ou d'un discours.

> *Exemple : Jacques Chirac en douze ans de présidence a utilisé 2 250 fois le terme « naturellement »[1] et 247 fois l'expression « tout naturellement ». Que peut-on en déduire, si ce n'est sa volonté de communiquer fluidité et facilité ?*

Dans les courriers de réclamation client, rien n'est plus parlant que de s'intéresser aux verbatim.

En effet, les outils de codification utilisés par les SRC permettent de recenser les principaux sujets de dysfonctionnement, dans une optique centrée sur l'entreprise. Mais l'analyse fine des termes utilisés par le client permet de se mettre à sa place et de déceler, dans une optique centrée cette fois-ci sur le client, sa perception de la non-qualité.

Dans cette optique, l'étude des verbatim permet de rester constamment à l'écoute du client, à travers ses ressentis, déceptions, questions, souhaits et attentes.

La richesse de ces données ouvre la voie à de multiples axes, non seulement de progrès (lorsqu'il s'agit d'améliorer tel ou tel produit ou prestation, en prenant acte des dysfonctionnements répétés dans ce domaine), mais aussi de développement, en capitalisant sur les remarques formulées par les clients à l'occasion d'une réclamation : prestation complémentaire, process différent…

---

1. *In Le Monde* cité par *Le Journal du Dimanche* du 25 mars 2007.

Prenons le courrier de réclamation suivant :

« Madame,

Votre vin est délicieux. Après avoir dégusté un de vos magnums, je décidais d'en acheter deux pour les offrir. Les deux ont baptisé les parquets de mes amis : couvercle d'emballage ne retenant pas la bouteille. Que pensez-vous faire me concernant ? Merci d'avance. »

L'outil de codification retiendra certainement le motif « emballage », voire « emballage défectueux ».

Mais l'analyse des verbatim de cette réclamation s'avère être bien plus précieuse : elle mentionne un véritable axe de progrès (« couvercle d'emballage ne retenant pas la bouteille »)...

Bien conscients de la richesse de ces données, plusieurs cabinets ont fait de cette analyse sémiologique leur spécialité, aidant les entreprises à détecter les éléments clés de satisfaction et de non-satisfaction de leurs clients.

5. Comment traiter les cas difficiles ?

La difficulté est en fait de savoir refuser sans fermer la porte. C'est toujours délicat, mais il existe aussi des clients qui se trompent ! Un client mécontent a toujours raison de le dire, une entreprise qui ne le croit pas a toujours tort.

Plusieurs points clés sont à respecter :

- concentrez-vous sur les faits et non sur la personne ;
- argumentez votre décision. Précisez au client les raisons qui vous empêchent d'accéder à sa demande : limites, contraintes, règlements, procédures... ou recevabilité. Mais même si les raisons sont indépendantes de votre volonté, assumez votre responsabilité et expliquez ;
- sachez traiter les griefs les plus courants et élaborez les réponses possibles ;
- efforcez-vous de proposer une solution alternative, de réorienter ;
- évitez toujours de faire part au client de difficultés internes ;
- valorisez ce que vous pouvez faire pour le réclamant en minimisant ce que vous ne pouvez pas faire. Restez toujours positif, soignez la manière, montrez votre implication ;
- soulignez l'utilité de sa démarche. Remerciez-le de l'aide qu'il vous apporte. Puisque la réclamation est un cadeau, cela semble plus que mérité.

3 Deux démarches pour traiter les réclamations

1. La méthode ÉRICA

La méthode ÉRICA a été créée par Inergie. Elle comprend cinq étapes : Écouter, Reformuler, Identifier les solutions, Confirmer, Assurer le suivi.

Étape 1 : écouter

Écouter sans interrompre. Garder son sang-froid, surtout au téléphone. Prendre le ton en moins fort. Questionner simplement.

ÉCRIRE	DIRE
– C'est avec la plus grande attention que nous avons pris connaissance de votre lettre… – Nous comprenons tout à fait… – Vos remarques sont précieuses…	– Que s'est-il passé ? – Oui – Je vois – Tout à fait – Je comprends…

Étape 2 : reformuler

Reprendre les mots du client. Distinguer le ressenti et le factuel.

ÉCRIRE	DIRE
– Nous sommes sincèrement désolés de… – Nous vous remercions de nous faire part de… – Vos remarques concernant…	– Si j'ai bien compris… – En résumé…

Étape 3 : identifier les solutions

Argumenter la réponse, qu'elle soit positive ou négative.

Choisir une réponse en fonction du type de besoin du réclamant.

ÉCRIRE	DIRE
– Voici les explications qui... – J'ai le plaisir de vous informer que...	– Puis-je vous proposer de... – Permettez-moi de vous expliquer... – Est-ce que je peux vous offrir...

Étape 4 : confirmer

Préciser les actions que vous allez mettre en place pour résoudre le problème.

ÉCRIRE	DIRE
– Nous nous engageons à... – J'ai transmis vos remarques à notre direction qualité pour éviter ce type de situation...	– Voilà ce que nous allons faire...

Étape 5 : assurer le suivi

Inciter le client à garder le contact. Expliquer la suite.

ÉCRIRE	DIRE
– N'hésitez pas à nous recontacter en cas de besoin... – Restant à votre entière disposition...	– Je vous remercie de votre appel – Je reste bien sûr à votre disposition – Je vous rappelle mes coordonnées, si vous avez besoin d'une information complémentaire

2. La démarche AMARC

La démarche AMARC a été créée par Inergie à partir d'une idée du cabinet Communication – Qualité. Elle a été validée ensuite par le conseil d'administration de l'Amarc.

1. Accueillir

Par écrit : accuser réception, remercier de la remarque.

Par oral : être disponible, décrocher en moins de 3 sonneries, s'isoler mentalement, se présenter : prénom, nom, bonjour (ou bonsoir), adopter une position d'aide.

ÉCRIRE	DIRE
– Par votre lettre du 16 mars 2006...	– C'est important, vous ne me dérangez pas, que s'est-il passé ?

2. Manifester de l'empathie

Écouter sans interrompre. Accuser réception. Reconnaître et comprendre le client dans ses sentiments : montrer que l'on a compris l'insatisfaction et son impact. Personnaliser la relation. Reformuler les attentes. Prendre éventuellement des notes.

ÉCRIRE	DIRE
– Je regrette cette situation et les difficultés qu'elle a entraînées	– Je suis désolé d'apprendre cela et je comprends ce que cela représente pour vous

3. Analyser

Étudier les circonstances, recueillir les informations pertinentes, distinguer le factuel et le ressenti, évaluer le bien-fondé, qualifier, rechercher des précisions sur la traçabilité. Approfondir en fonction de la gravité.

ÉCRIRE	DIRE
– Pour pouvoir vous répondre précisément, je vous demanderais de bien vouloir...	– Pouvons-nous reprendre ensemble ce qui s'est passé ?

4. Répondre

Annoncer la solution (ou le délai de proposition d'une solution), puis argumenter la réponse, qu'elle soit positive ou négative. Adapter la réponse en fonction du type de besoin et du profil du réclamant. Personnaliser si possible.

Préciser les actions qui seront mises en place pour résoudre la situation si l'analyse nécessite du temps.

ÉCRIRE	DIRE
– Je vous propose de vous rembourser – J'ai le regret de vous informer que l'échange de ce produit n'est pas envisageable. En effet… – Je m'engage à vous répondre sous un délai de…	– Voilà ce que nous vous proposons – Je m'engage à vous répondre sous un délai de…

5. Conclure

Inciter le client à garder le contact. Expliquer la suite. Remercier le client de ses remarques, de sa confiance et de sa fidélité. Éventuellement proposer une nouvelle offre (rebond commercial) si on sent qu'elle répondrait au besoin du client.

ÉCRIRE	DIRE
– Je vous remercie de votre remarque et de la confiance que vous témoignez à notre entreprise…	– Encore merci de votre démarche et de nous conserver votre confiance, n'hésitez pas à m'appeler… – Bonne journée…

4 Répondre par écrit

1. Quelques conseils

1. Répondez le plus rapidement possible

Rappelez-vous l'existence d'un référentiel collectif inconscient qui postule qu'il faut répondre (premier contact) à :

- une lettre en moins d'une semaine ;
- un courriel en moins de 48 heures ;
- un appel téléphonique en moins de trois sonneries.

2. Personnalisez votre réponse

- Reformulez avec les termes du client et dans sa logique, utilisez le « vous ».
- Exprimez de la compréhension et de la considération.
- Ne minimisez jamais les conséquences de l'incident.
- Évitez les justifications inutiles.
- Remerciez le client d'avoir présenté ses remarques.

3. Adaptez vos propos à partir d'une bibliothèque de phrases types :

- « Je tiens, par ce courrier, à vous présenter nos plus vifs regrets pour la façon dont vous avez été reçu(e) lors de votre dernière visite dans notre magasin. »
- « Permettez-nous tout d'abord de vous présenter nos sincères excuses pour la perception négative que vous avez eue de nos services. »
- « Votre mécontentement est tout à fait légitime, nous en sommes désolés. »
- « Les commentaires de nos passagers nous sont précieux. Nous vous remercions d'avoir pris le temps de nous écrire. »

4. Améliorez la lisibilité

- Aérez votre texte : un paragraphe par thème, à la ligne pour une nouvelle idée dans ce même thème.
- Rédigez autant de paragraphes que de réclamations différentes.
- Ne dépassez pas 20 mots par phrase (encore moins pour un courriel) et pas plus de 3 % de mots compliqués (de plus de 3 syllabes).
- Abandonnez le langage de spécialiste : « le sinistre est un risque qui se réalise ».
- Vérifiez l'orthographe : trop d'erreurs peuvent devenir une faute, en tout cas un irritant certain.
- Résistez à la « siglomanie » et aux tournures administratives.

- Supprimez les participes présents, les formules convenues qui alourdissent.
- Utilisez des mots simples, courts, vivants, concrets, imagés.
- Évitez les phrases négatives et passives, les relatives qui n'en finissent pas.
- Placez l'acteur important en début de phrase : c'est le sujet.
- Élaguez votre texte, allez à l'essentiel.
- Enlevez une grande partie des adverbes à la relecture.

5. Répondez sur le fond

- Précisez la démarche que vous allez entreprendre immédiatement et à terme.
- Évitez les jugements de valeur.
- Annoncez les mesures que vous comptez prendre.
- Proposez si nécessaire un geste commercial.

6. Utilisez la bonne formule de politesse

- Privilégiez le dynamisme pour un courriel : «Cordialement» nous semble peu protocolaire et assez chaleureux. Il peut être précédé de «bien» ou «très» en fonction de la relation existante.
- Pour un courrier, conformez-vous aux usages. Associez quatre éléments :
  – les expressions introductives : je vous prie, veuillez
  – les verbes : adresser, agréer, recevoir, croire…
  – les noms : salutations, considération, dévouement, respect…
  – les adjectifs : distingué, sincère, dévoué, respectueux…
- Adoptez si vous le souhaitez les formules anglo-saxonnes plus rapides : «Sincèrement vôtre… Cordialement… Salutations respectueuses…».

7. Concluez

- Rappelez l'importance que l'entreprise lui attribue comme client.
- Signez et écrivez votre nom.
- Proposez en cas de litige grave de rappeler dans quelques jours.
- Et relisez votre lettre comme si votre pire ennemi voulait la critiquer…

La perfection apparaît, non pas quand il n'y a plus rien à ajouter, mais plus rien à enlever :

«Vingt fois sur le métier remettez votre ouvrage;
Polissez-le sans cesse et le repolissez.
Ajoutez quelquefois, et souvent retranchez[1]. »

---

1. Nicolas Boileau, *L'Art Poétique*, I.

Exemple de La Poste

La Poste a écrit quelques règles pour bien présenter une adresse[1]. Peu de personnes connaissent ces règles faciles à respecter, surtout pour les professionnels et les entreprises, mais indispensables à La Poste pour assurer la meilleure qualité de service. Une seule devise pour expédier ses courriers : de l'adresse !

- Les informations sont ordonnées sur six lignes maximum, justifiées à gauche, sans ligne blanche de séparation, du nom à la localité.
- Si l'on fait figurer une raison sociale, elle prend place avant le nom du destinataire.
- L'ensemble ne doit pas dépasser 45 mm de haut et ménager un espace de 20 mm à droite et en bas de l'enveloppe.
- Pas plus de 32 caractères ou espaces par ligne, avec 1 espace entre 2 mots. On peut recourir à des abréviations (B pour bis, bd pour boulevard...), mais le dernier mot entièrement alphabétique ne doit jamais être tronqué.
- Aucun signe de ponctuation à partir du numéro et du libellé de la voie.
- La dernière ligne doit toujours être en majuscules, y compris le terme CEDEX (Courrier d'Entreprise à Distribution EXceptionnelle).
- L'affranchissement se situe au maximum à 74 mm du bord droit de l'enveloppe et à 40 mm du haut.

2. Êtes-vous vraiment bon(ne) en orthographe ?

Ce texte, concocté par l'auteur avec des mots de tous les jours, a été dicté lors de la neuvième convention Amarc à 210 participants.

« Les quelque onze lignes d'une dictée joueront-elles les trouble-fête, voire les rabat-joie dans notre plénière du jeudi 15 mars 2007 ?

L'orthographe, on adore ou on abhorre.

---

1. Règles extraites du *Courrier de La Poste en Île-de-France* n° 18.

Mais depuis trop longtemps, se sont succédé à l'envi dans nos boîtes aux lettres des faire-part, des verbatim lambda et des comptes rendus tous erronés et truffés d'une kyrielle de fautes que nous avons laissé faire.

Une réclamation anonyme est venue dénoncer ces réelles embûches et chausse-trap(p)es, mais l'absence d'en-tête formulé nous a contraints à sa clôture.

Sa seule plus-value sera de nous avoir indiqué comment écrire pertinemment la phrase succincte et peu ambiguë : vos arrhes de deux mille trois cent quatre-vingts dollars restent dues sans aucuns frais. »

Résultat des 103 participants qui n'ont pas eu peur de rendre leur copie corrigée : moyenne de 16 fautes sur 116 mots ! Le meilleur n'a commis que 3 fautes ! Voici une belle source de progrès.

Quelques explications tout de même grâce au *Petit Robert* :

- Quelque (adverbe invariable) = environ. On écrira : les quelques lignes.

- Voire (adverbe) = et même.

- Trouble-fête est un nom, rabat-joie est invariable comme pisse-froid et pisse-vinaigre.

- Plénière (vient du bas latin *plenarius* qui vient de *plenus*) : même origine que l'indulgence plénière, la rémission pleine et entière de toutes les peines dues aux péchés.

- Se succéder : verbe transitif indirect, dont l'objet est introduit par une préposition.

- À l'envi (locution adverbiale) = en rivalisant, à qui mieux mieux.

- Verbatim : à la fois adverbe (= selon les termes exacts) et nom commun (= compte rendu écrit fournissant le mot à mot d'une déclaration, d'un débat oral).

- Lambda : à la fois nom masculin (la lettre grecque) et adjectif invariable familier (= moyen, quelconque).

- Compte rendu : mais on écrira un compte-tours, un compte-gouttes.

- Kyrielle (vient du grec *kyrie eleison*) = longue suite, série interminable, litanie.

- En-tête : nom masculin (des en-têtes).

- La galère de l'adjectif numéral cardinal :

  – mille est toujours invariable ;

– cent est invariable sauf s'il est précédé d'un nombre qui le multiplie et n'est pas suivi d'un autre adjectif numéral. Exemples : deux cent mille, trois cents millions, les cent premiers, les quatre cents coups;

– vingt est invariable. Il est composé pour former un adjectif cardinal : vingt-deux! Mais on écrira vingt et un et quatre-vingts (survivance de la numérotation vicésimale qui a pour bas le nombre vingt[1]).

- Contraints : avec un s car le participe passé s'accorde avec le COD (complément d'objet direct en réponse à qui ou quoi) si ce dernier est placé devant le verbe[2].

- Ambiguë : le tréma se place sur la seconde des voyelles qui se suivent pour éviter un digramme (= groupe de deux lettres représentant un seul son). Sans tréma, ambiguë se prononcerait comme figue. On écrira pour la même raison ambiguïté ou ciguë.

- Dues : on écrit dû, mais due ou dues.

- Aucuns : s'écrit ici avec un s car frais est un nom masculin pluriel (= dépenses).

---

1. L'hôpital des Quinze-Vingts est situé rue de Charenton, 75012 PARIS. Fondé en 1260 par Saint Louis pour soigner les aveugles revenus des croisades, il est aujourd'hui spécialisé dans les maladies des yeux. Le nom de Quinze-Vingts vient du fait qu'il comprenait quinze salles de vingt lits.

2. Astuce soumise par Claire de Bazin, amie joyeuse : on accorde le verbe au participe passé si au moment où je l'écris, ce qui est ou ce qui s'est passé est écrit :

– j'ai jeté des fleurs : pas d'accord au moment où j'écris jeté car je ne sais pas de quoi il s'agit;

– les fleurs que j'ai jetées : accord car au moment où j'écris jetées, je sais qu'il s'agit des fleurs.

Exemple d'application de la méthode ÉRICA

Objet : votre courrier du 23 mars 2007

Affaire suivie par Elizabeth Pistache, assistante de clientèle

Tel : 01 23 45 67 89

Fax : 12 23 34 45 56

Courriel : jvaire@cjp.com

Cher Monsieur Colin,

Merci de nous avoir signalé votre remarque concernant le fonctionnement de votre appareil. (1)

Nous l'avons examiné avec le plus grand soin. Vous avez raison : les boîtiers des répartiteurs sont trop éloignés, ce qui explique l'apparition de faux contacts. (2)

La réparation du boîtier paraît être la solution la plus rapide. Nous le ferons naturellement gratuitement. (3)

Je vous appellerai mardi prochain pour m'assurer que vous êtes d'accord avec cette proposition (4). De votre côté, n'hésitez pas à me contacter si vous avez une autre suggestion : voici mon numéro de ligne directe : 01 23 45 67 89. (5)

Bien cordialement,

Justin Vaire,

Service clients

---

(1) Écouter – (2) Reformuler
(3) Identifier les solutions
(4) Confirmer – (5) Assurer le suivi.

Exemple de réponse écrite chez Air Liquide Santé France

Objet : votre courrier du 23 janvier 2007

Affaire suivie par…

Cher confrère,

C'est avec le plus grand intérêt que nous revenons vers vous à la suite de notre entretien téléphonique du 25 janvier avec notre assistante commerciale Isabelle Peugeot-Renault. (1)

Nous vous remercions de nous faire part de vos préoccupations concernant le niveau d'impureté d'azote que vous avez constaté depuis un an dans notre mélange gazeux carbogène 93/7.

Nous comprenons vos interrogations quant à l'utilisation immédiate de ce produit. Par ailleurs, vous souhaitez obtenir une meilleure connaissance de notre politique de contrôle sur nos mélanges. (2)

À ce jour, le carbogène 93/7 répond aux spécifications réglementaires de la pharmacopée européenne. Ce produit ne présente aucun risque pour une utilisation immédiate. (3)

Nous avons d'autre part le plaisir de vous informer qu'Air Liquide Santé France vous offre la possibilité de commander l'ensemble des mélanges avec le niveau de précision que vous souhaitez pour le carbogène. (4)

Afin de satisfaire votre demande, nous vous proposons la fourniture d'un mélange précis qui sera garant d'une teneur en impureté d'azote. (4)

Restant à votre entière disposition, je vous prie de croire, cher confrère, à l'expression de notre plus grande considération. (5)

Le pharmacien délégué,

Joseph Palsambleu

Mêmes définitions que précédemment

Exemple de démarche Amarc

Catherine Lionne

Service Consommateurs

Tél : 01 23 45 67 89

Courriel : clionne@xyz.fr

Votre référence client : 123 456 789

XYZ, le 17 mai 2006

Monsieur,

Notre directeur général a pris connaissance de votre courrier du 11 mai dernier et me l'a confié. (1)

Je tiens tout d'abord à vous présenter nos excuses pour l'accueil que vous avez reçu lors de votre appel du 11 mai. (2) En effet, l'attente téléphonique, le comportement et les propos de notre collaboratrice ne reflètent pas (ne sont pas révélateurs de) notre volonté de satisfaire nos clients. (3)

Conformément à votre demande, je résilie ce jour votre compte n°xyz. (4)

En outre, je regrette le retard pris dans la gestion de votre dossier. Par conséquent, je vous remercie de ne pas tenir compte de notre courrier du 26 avril vous informant de la reconduction de votre contrat. (4)

Enfin, pour rembourser vos frais téléphoniques (et/ou) postaux, j'ai le plaisir de vous faire parvenir par lettre chèque séparée la somme de… €. (4)

Nous espérons que ce remboursement vous donnera satisfaction. (5)

Je vous prie de recevoir, Monsieur, mes sincères salutations.

Catherine Lionne

(1) Accueillir – (2) Manifester de l'empathie
(3) Analyser – (4) Répondre – (5) Conclure.

Exemple de courriel reçu à l'OPAC du Grand-Lyon

Objet : URGENT DEMANDE D'INTERVENTION ROBINETTERIE

Bonjour,

Depuis des mois j'ai des fuites d'eau.

J'ai signalé que je suis disponible le 4 ou le 5 avril, mais personne ne m'a encore recontactée.

Béatrice COULAS

191 COURS Lafayette

LYON 6

01 23 45 67 89

Objet : RE – URGENT DEMANDE D'INTERVENTION ROBINETTERIE

Madame,

Nous avons pris bonne note de votre demande d'intervention. (1)

Nous sommes au regret de constater que depuis décembre dernier, les fuites d'eau que vous nous avez signalées ne sont toujours pas réparées. (2) La rigueur de cet hiver et l'ambition de notre programme de rénovation nous ont empêché de pouvoir mener à bien toutes les demandes de dépannage. (3)

Je transmets immédiatement votre demande à votre chargé de clientèle Fabien Lee et lui demande de vous contacter dans les plus brefs délais. (4)

Nous avons bien noté votre disponibilité pour les jours des 4 et 5 avril prochains. (4)

N'hésitez pas à nous recontacter par courriel ou au 08 20 42 70 10. (5)

Cordialement.

Colette,

conseillère clientèle

Mêmes définitions que précédemment

Exemple de réponse d'attente

Objet : réponse à votre fax de ce jour (1)

Affaire suivie par Elizabeth Pistache
Assistante de clientèle : 01 23 45 67 89

Cher Monsieur Cajou,

Nous venons d'apprendre que votre dernière livraison est arrivée en mauvais état. Vous avez bien fait de nous l'indiquer aussi rapidement. (2)

Nous avons aussitôt contacté le transporteur Martin et la gare de Bordeaux afin de connaître la cause exacte des dommages. (3)

Les renseignements ne nous parviendront pas avant une quinzaine de jours, nous ne manquerons pas de vous appeler dès que nous aurons obtenu les résultats de cette enquête. (4)

Croyez que nous sommes désolés de cet incident. (5)

Afin de vous satisfaire, si l'un de vos clients exigeait la marchandise dans les plus brefs délais, n'hésitez pas à nous contacter : nous procéderions à une livraison en express. (6)

Veuillez agréer, cher Monsieur, l'expression de nos sentiments les meilleurs. (7)

Amélie Mélaud,

Responsable des ventes

Vous pouvez me joindre directement. (8)

Tél : 06 05 04 03 02

Fax : 04 03 02 01 00

Courriel : a.melaud@cjp.com

(1) Mentionner l'objet de la lettre – (2) Conforter le client
(3) Expliquer les démarches entreprises
(4) Indiquer une date de réponse
(5) Faire part de ses regrets au client
(6) Proposer une solution d'attente
(7) Intégrer une formule de politesse
(8) Préciser ses coordonnées directes.

Dire non au client : un exemple de lettre

Votre réclamation concernant notre livraison du… (1)
À l'attention de Monsieur Adrian Legrand

Monsieur,

Vous nous avez fait part de votre insatisfaction quant à la couleur des meubles que vous avez commandés. Nous vous en remercions (2) et regrettons que la marchandise ne corresponde pas à vos attentes (3).

Nous sommes aujourd'hui en mesure de vous donner les éléments d'information suivants (4).

Il existe effectivement quelques différences de nuances entre les pièces expédiées le… et celles de la livraison précédente (5). L'expert que nous avons consulté a diagnostiqué que ces différences sont uniquement dues aux propriétés naturelles du bois et non à la qualité du traitement appliqué (6).

Si toutefois vous souhaitez prendre l'avis d'un spécialiste de cet état de fait, sachez que, s'il s'avérait contraire au nôtre, nous nous engageons à prendre en charge les coûts de l'expertise et à régler nous-mêmes le litige avec le fabricant (7).

La qualité des produits fait l'objet de tous nos efforts et nous tenons à préserver les relations de confiance qui nous lient à votre entreprise (8).

Nous restons naturellement à votre disposition pour toute information complémentaire et vous prions d'agréer, Monsieur, l'assurance de nos sentiments les meilleurs.

Paul Hochon,
Directeur Commercial

(1) Mentionner l'objet de la réclamation
(2) Remercier pour la réclamation
(3) Exprimer ses regrets
(4) Montrer son empressement à résoudre le problème
(5) Donner raison au client quant à la forme
(6) Expliquer ce qui a été fait
(7) Démontrer sa bonne foi
(8) Rappeler son attachement au client.

5 Répondre par oral

1. Quelques conseils

1. Rendez-vous disponible

- Au téléphone, répondez en moins de trois sonneries : évitons la 100 000ᵉ écoute du *Printemps* de Vivaldi.
- En face-à-face, échangez un regard indiquant que vous avez aperçu votre client et quittez votre activité pour vous consacrer à 100 % à votre réclamant.
- Recevez toujours une réclamation avec rapidité : une attente supplémentaire ne peut qu'envenimer les choses, et avec intérêt : c'est un plus que de savoir attirer la critique d'un client.

2. Écoutez

- Laissez votre client exprimer sa réclamation.
- Écoutez-le sans interrompre ni anticiper. Il est sans doute très énervé. Souvenez-vous qu'on pense quatre fois plus rapidement qu'on ne parle.
- Prenez des notes, cela dénote le sérieux de votre écoute.
- Manifestez de l'empathie : «Je comprends… je vois… je regrette…».
- Dites-lui que sa réclamation est la bienvenue, approuvez-le dans sa démarche et remerciez-le.
- Présentez vos regrets de manière sincère et crédible.
- Demandez des précisions, des faits pour la traçabilité.
- Demandez les conséquences de l'incident. Il s'agit de faire preuve de compréhension : c'est l'intelligence de la situation.

3. Désamorcez la colère éventuelle du client

- Gardez toujours votre sang-froid.
- N'essayez pas de contester sa version des faits.
- Parlez-lui calmement afin de l'inciter à faire de même.
- Faites preuve d'empathie (qui ne signifie pas pour autant une molle compassion ni une complaisance débridée).
- Soyez courtois en toutes circonstances, même si cela dérive vers 3615 Vie privée !

- Pensez que votre interlocuteur est une personne sympathique, simplement sujette à un moment d'humeur à cause de votre entreprise.

- Tenez un registre des réclamations les plus fréquentes (exemple : « Je ne paie pas mon loyer parce que ma fenêtre ferme mal ») et préparez des réponses.

- Éludez les réclamations qui ne présentent aucun intérêt ou qui ne sont que de pure provocation.

- N'hésitez pas à approfondir. Tant que le client n'aura pas « purgé » tout son ressenti ou « vidé son sac », la situation n'évoluera pas : c'est le disque rayé. Mais une fois la colère désamorcée, reprenez la démarche Érica ou Amarc pour résoudre le problème.

- En cas de dérapage ou d'injure, signalez courtoisement l'incivilité de son attitude et recadrez : « Votre attitude n'est pas recevable. Merci de rester correct(e) si vous souhaitez que nous nous parlions. »

- Si l'explosion approche : appelez un responsable.

4. Analysez son problème

- Reformulez de façon neutre pour isoler le point de désaccord. Cela prouve que vous le comprenez, et vous reprenez l'initiative.

- Qualifiez la réclamation et validez. Verrouillez : « Est-ce exact ? »

- Identifiez la nature et l'importance de la réclamation : est-elle fondée et sincère ? Est-elle justifiée ou non recevable ? Est-elle technique, psychologique ou tactique ?

5. Recherchez des solutions

- Tout de suite, c'est le mieux.

- Si le mécontentement n'est pas fondé (cela arrive !), argumentez.

- Si sa réclamation est fondée, cherchez une solution ou mieux, plusieurs solutions.

- Expliquez les modalités de mise en œuvre de cette solution. Demandez-lui si elle le satisfait pour reprendre l'avantage.

- Si vous « séchez », dites ce que vous allez faire.

- Proposez si nécessaire un geste commercial.

- Sachez différencier compromis de compromission.

- Privilégiez toujours autant que faire se peut la position gagnant-gagnant.

- Ne vous bloquez pas sur une réclamation difficile. Reconnaissez qu'elle est difficile et prenez rendez-vous pour apporter la réponse. Un doute doit toujours profiter au client.

6. Concluez

- Rappelez l'importance que l'entreprise lui attribue comme client.

- Remerciez une nouvelle fois d'avoir réclamé et sécurisez-le.

- Proposez si nécessaire de rappeler dans quelques jours. Et FAITES-LE !

2. Deux outils : le questionnement et le vocabulaire

La reformulation est essentielle pour montrer la prise en compte de la réclamation. Le client attend que l'on comprenne son problème et son ressenti. Il faut donc poser des questions ouvertes.

Mauvaises questions	Bonnes questions
Avez-vous mal entreposé les pièces ?	De quelle manière avez-vous entreposé les pièces ?
La machine a-t-elle été correctement utilisée ?	Comment utilisez-vous la machine ?
Avez-vous arrêté l'appareil tout de suite après l'usinage des pièces ?	Que faites-vous après l'usinage des pièces ?
Votre personnel a-t-il bien monté le matériel ?	Comment votre personnel procède-t-il au montage ?
Les appareils étaient-ils sous la pluie ?	Où sont entreposés les appareils ?
Votre personnel a-t-il commis des erreurs au moment de la soudure ?	Quelles techniques de soudage utilisez-vous ?
Avez-vous pensé à réduire la vitesse dès 80° ?	À quelle température diminuez-vous la vitesse ?
Avez-vous attendu 24 heures avant de commencer le laquage ?	Combien de temps attendez-vous avant de commencer le laquage ?
Avez-vous respecté les instructions de nettoyage ?	Comment nettoyez-vous l'appareil après usage ?

Le choix du vocabulaire est aussi important.

Évitez les expressions qui inquiètent ou dérangent

- Expressions négatives : Problèmes… soucis… ne vous inquiétez pas… ne voulez-vous pas…
- Expressions réductrices : Un petit point… je voudrais vous expliquer un peu…
- Expressions semi-quantitatives : Bientôt… loin… dans les meilleurs délais… urgent…
- Expressions imprécises : Peut-être… éventuellement… quelques…
- Expressions agressives : Vous faites erreur… soyez plus clair… moi je trouve que…
- Expressions parasites : Hein… euh… allô… voilà… au niveau de…
- Abréviations, sigles, acronymes : av., ANPE, Otan…
- Expressions trop techniques : conditions résolutoires, crédit ballon, déchéance du terme…
- Expressions autodévalorisantes : Je m'excuse de vous déranger…
- Faux appels à la confiance : Faites-moi confiance… croyez-moi…
- Expressions conditionnelles : J'aimerais savoir si vous seriez d'accord…
- Expressions trop personnelles : En ce qui me concerne… je pense que… de vous à moi…
- Expressions impersonnelles : Il est convenu que quelqu'un… on vous rappellera… on va s'en occuper…

Ce qu'il ne faut surtout pas faire en cas de mécontentement

- Dire non : Ah non, Monsieur Martin, là vous vous trompez…
- Polémiquer : J'ai la preuve que ce que vous dites n'est pas possible…
- Rejeter la faute sur quelqu'un d'autre : Nous n'y sommes pour rien, voyez la comptabilité…
- Minimiser l'affaire : Ce n'est pas grave, il est normal que cela se produise de temps en temps…
- Promettre l'impossible : Nous allons régler ça immédiatement, un livreur part tout de suite…

Des expressions à bannir

1. Quel est votre problème?
2. Vous semblez inquiet! Qu'est-ce qui vous paraît obscur dans les points que nous venons d'évoquer?
3. Je ne peux pas vous rembourser.
4. Vous avez tort.
5. Qu'est-ce qui vous empêche de prendre une décision?
6. Vous ne courez aucun risque.
7. Vous ne m'avez pas compris.
8. D'après ce que vous me dites ou si ce que vous me dites est vrai.
9. Ne quittez pas.
10. Problème, réclamation…
11. Pas avant…
12. Je ne sais pas si je me fais bien comprendre (sous-entendu : vous ne comprenez rien).
13. Jamais!
14. C'est votre problème, pas le mien.
15. Je ne sais pas…
16. Vous n'êtes pas le seul.
17. Je n'y suis pour rien.
18. Il n'y en a plus.
19. Rappelez plus tard.
20. On est débordé.
21. Confirmez-moi ça par écrit.
22. Ne vous inquiétez pas
23. À plus…

Dites plutôt

1. En quoi puis-je vous aider ?
2. Sur quel point précis souhaitez-vous que nous revenions ?
3. Le remboursement n'est pas possible.
4. Il doit y avoir un malentendu.
5. Sur quel point souhaitez-vous que nous revenions avant de prendre votre décision ?
6. Il fonctionne en toute sécurité.
7. Je m'explique…
8. Dans ce que vous me dites, il y a un point qui retient plus particulièrement mon attention.
9. Un instant s'il vous plaît.
10. Demande, souhait, interrogation…
11. Dès le…
12. Sur quel point souhaitez-vous que nous revenions ?
13. Nous ne l'avons jamais fait, mais pourquoi pas ?
14. Voyons cela ensemble.
15. Je vais me renseigner.
16. Le problème s'est déjà posé. Nous y travaillons.
17. Je vais chercher l'information dans l'entreprise.
18. Nous en aurons dès…
19. Je prends votre message. M…. vous rappellera.
20. Nous avons beaucoup de travail, mais je vais essayer de…
21. J'en ai pris bonne note.
22. Rassurez-vous.
23. Au revoir et bonne journée !

3. Des méthodes pour s'améliorer

Les critères d'un contact de qualité

C'est le client qui détermine la valeur d'un produit – service en l'utilisant et non votre entreprise qui le produit ou le distribue. Il en est de même pour la qualité de votre prestation.

Le client évalue votre service en priorité d'après votre capacité à résoudre son problème. Mais la qualité du contact est aussi essentielle.

Il faut donc soigner cinq composantes :

1. L'intérêt que vous lui portez

- Parlez à la personne, pas à la fonction (il n'y a pas de petit client).

2. La façon dont vous vous exprimez

- Vérifiez votre style et votre vocabulaire.

3. La qualité des informations que vous lui fournissez

- Soyez factuel. Ne donnez pas de leçons.

4. La personnalité dont vous faites preuve

- Soyez courtois, non courtisan.
- Soyez respectueux, non impressionné.
- Ne vous sentez pas attaqué, prenez à cœur de répondre.

5. L'image que vous projetez

- Véhiculez la meilleure image possible.
- Ne parlez jamais en mal de votre entreprise.

Un peu de technique au téléphone

Au téléphone, tout se voit… ou s'imagine. Pour réussir toute communication, trois ingrédients sont nécessaires : l'état d'esprit, l'absence de bruits et le savoir-faire.

- Vérifiez que votre environnement immédiat n'est pas bruyant.
- Annoncez l'usage du haut-parleur ou de la mise en attente et expliquez :
  - haut-parleur : « Je suis avec M…. qui a suivi votre dossier, je mets le haut-parleur. »
  - attente : « Je vais chercher votre dossier, je mets votre ligne en attente. »
- Évitez la touche secret.

- En cas d'indisponibilité pendant les heures d'ouverture, activez les transferts d'appel entre collègues.
- Sensibilisez au zéro appel perdu grâce à l'interception des appels.
- Assurez-vous en fin d'appel que vous avez bien raccroché !

Identifiez les profils de clients pour adapter votre démarche

Exercice : utilisez cette grille pour mieux cerner le profil de vos réclamants et leur répondre.

L'exigeant	Le reconnaître : «je comprends l'importance de votre demande» S'impliquer : «voilà ce que je vous propose» *Voix* : répondre de façon courtoise mais ferme, d'égal à égal
L'inquiet	Écouter activement Rassurer : «je comprends» Proposer et valider *Voix* : diminuer le débit
Le pressé	Écouter activement Utiliser des phrases courtes Reformuler régulièrement *Voix* : augmenter le débit
Le bavard	Reprendre la directivité en reformulant : «si je comprends bien» Proposer rapidement une solution *Voix* : profiter d'une respiration pour reprendre la conduite de l'entretien
L'obtus	Poser des questions fermées Valider la compréhension à chaque étape *Voix* : diminuer le débit
Le râleur	Le laisser s'exprimer avec empathie Revenir sur le factuel, dépassionner *Voix* : parler doucement

L'argumentaire de «re-vente»

À la clé d'un bon traitement, il y a une «re-satisfaction» client (sorte de «re-vente»). Il convient donc de se préparer comme s'il s'agissait de recommencer un nouvel argumentaire.

Un argument est un avantage qui répond à un besoin. Il est donc capital d'identifier ce besoin, puis d'argumenter, c'est-à-dire de démontrer que ce besoin sera satisfait par les avantages de l'offre proposée.

La méthode de construction d'un argumentaire (mais non sa présentation qui est inversée et commence par le bénéfice client) est la suivante :

Caractéristique
Élément de définition ou description du produit/service Une caractéristique est neutre en soi, elle n'a pas d'impact sur le client *Exemple : le TGV est un train dont les deux motrices développent une puissance à la jante en traction de 8 750 kW grâce à une alimentation électrique de 25 kV monophasé 50 Hz, 1 500 V continu*
Avantage
Ce que la caractéristique apporte, son utilité *Exemple : le TGV peut rouler jusqu'à 320 km/h sur les lignes à grande vitesse*
Gain/Bénéfice
Ce que le client retire de l'avantage Un client n'achète pas en fait un produit/service, mais ce que le produit/service lui apporte *Exemple : un passager met deux heures pour un trajet Paris-Lyon de centre-ville à centre-ville et par tout temps*

PROFESSIONNALISEZ VOTRE TRAITEMENT DES RÉCLAMATIONS

1. Diagnostiquez votre gestion des réclamations : six modalités possibles

2. Actualisez votre stratégie – feuille de route

3. Identifiez les avantages et écueils de votre organisation

4. Améliorez le fonctionnement de votre service

5. Dynamisez votre équipe

6. Soyez force de proposition pour toute l'entreprise

La réclamation est une nouvelle source de progrès pour nos entreprises. Sachons transformer le passif en actif, le pépin en pépite[1] !

---

1. L'expression «Transformer le pépin en pépite» a été déposée par l'auteur et reprise comme slogan de l'Amarc.

1 Diagnostiquez votre gestion des réclamations : six modalités possibles

⊙ **Point clé**

Il ne s'agit pas de traiter la réclamation, il s'agit de gérer de la déception.

1. Un autodiagnostic rapide

Positionnez votre SRC avec votre équipe.

A. Importance de la réclamation	Oui	Non	NSP
1. Votre entité répond-elle aux réclamations?			
2. Votre entité répond-elle aux réclamations en moyenne sous 7 jours?			
3. La transmission d'une réclamation est-elle perçue par votre entité en général comme une source de progrès?			
4. Une réclamation doit-elle être traitée en priorité à toute action?			
5. Pensez-vous que le traitement des réclamations soit un outil de satisfaction?			
6. Mesurez-vous l'impact des réclamations sur la satisfaction de vos clients?			
7. Mesurez-vous l'impact des réclamations sur la fidélité de vos clients?			
8. Pensez-vous que traiter les réclamations améliore l'image de votre entité?			
9. Le traitement des réclamations améliore-t-il le fonctionnement de votre entité?			
8. Pensez-vous que traiter les réclamations soit une aide pour les managers?			
10. Pensez-vous que traiter les réclamations soit une source d'économies?			
11. La direction de votre entité a-t-elle défini une politique de traitement des réclamations?			
12. La direction manifeste-t-elle régulièrement son implication?			
Sous-total			

B. Recueil des réclamations	Oui	Non	NSP
13. Avez-vous défini ce qu'est une réclamation au sein de votre entité ?			
14. Avez-vous écrit une procédure de traitement des réclamations ?			
15. Utilisez-vous les exigences de type ISO concernant les réclamations ?			
16. Existe-t-il une structure de traitement des réclamations clients ?			
17. Le mode de dépôt d'une réclamation est-il connu de tous les clients ?			
18. Le mode de dépôt d'une réclamation est-il simple ?			
19. Le dépôt d'une réclamation est-il gratuit ?			
20. Identifiez-vous l'émetteur de la réclamation ?			
21. Avez-vous répertorié les points d'entrée des réclamations ?			
22. Avez-vous défini les modes de transmission des réclamations ?			
23. Disposez-vous d'une nomenclature des causes des réclamations ?			
24. Utilisez-vous un logiciel de traitement des réclamations ?			
25. Avez-vous défini des engagements de service en matière de réclamations ?			
26. Un processus est-il défini pour les réclamations de VIP ou pour celles qui s'adressent à la DG ?			
Sous-total			

C. Réponse aux réclamations	Oui	Non	NSP
27. Personnalisez-vous vos réponses ?			
28. Une homogénéité de réponses est-elle cependant assurée ?			
29. Le canal de réponse privilégie-t-il l'interactivité ?			
30. Prévenez-vous le réclamant du délai de réponse quand celle-ci ne peut être donnée immédiatement ?			
31. Un dispositif de compensation ou réparation est-il mis en place ?			
32. Un dispositif de geste commercial est-il mis en place ?			
33. Le client sait-il comment exercer un recours ?			
Sous-total			

D. Exploitation	Oui	Non	NSP
34. Avez-vous défini une stratégie pour le traitement des réclamations clients?			
35. Avez-vous des indicateurs liés aux réclamations?			
36. Avez-vous défini des objectifs pour le traitement des réclamations clients?			
37. Avez-vous défini un délai de réponse?			
38. Avez-vous défini des engagements de service?			
39. Existe-t-il un système de suivi (tableau de bord) des réclamations?			
40. Le tableau de bord est-il communiqué?			
41. Une analyse des réclamations est-elle effectuée régulièrement?			
42. Associez-vous les autres services pour traiter les réclamations?			
43. Y a-t-il une exploitation sous forme d'actions correctives et préventives?			
44. L'analyse des réclamations a-t-elle apporté de nombreuses améliorations?			
45. Y a-t-il un point à l'ordre du jour des comités de direction concernant les réclamations?			
46. Mesurez-vous la satisfaction des réclamants?			
Sous-total			

E. Implication du personnel au contact	Oui	Non	NSP
47. Le personnel est-il sensibilisé au traitement des réclamations?			
48. Le personnel est-il formé au traitement des réclamations?			
49. La procédure de traitement des réclamations est-elle connue?			
50. La procédure de traitement des réclamations est-elle comprise?			
51. La procédure de traitement des réclamations est-elle appliquée?			
52. La procédure de traitement des réclamations est-elle mise à jour?			
53. Suivez-vous une méthode d'aide à la réponse?			
54. Avez-vous élaboré des bibliothèques ou documents d'aide à la réponse?			
55. Avez-vous une check-list du vocabulaire à utiliser ou à bannir?			
56. Pensez-vous que le personnel accueille bien les réclamations?			
Sous-total			
TOTAL			

Totalisez le nombre de Oui.

- Moins de 30 Oui : soit votre entité vient de définir une démarche de traite-ment des réclamations clients, soit vous avez cent fois raison de vouloir dynamiser le poste de responsable de SRC car beaucoup est à faire… Tout le monde sur le pont !

- De 30 à 39 Oui : «Bon élève, peut mieux faire…» Ce que vous pressentiez en commençant cet autodiagnostic se confirme. Bon courage !

- De 40 à 49 Oui : il y a des sources de progrès. La partie du livre qui s'ouvre ici est pour vous. Vous êtes sur la bonne voie…

- Plus de 50 Oui : votre gestion est presque parfaite. Vous êtes mûr pour le prix Amarc. Bravo !

2. Votre propre diagnostic

Si rien n'existe, établissez l'état des lieux de vos réclamations en demandant à une entité terrain de relever toutes les réclamations clients qui lui sont adres-sées pendant 15 jours :

- caractéristiques : volume, typologie, fréquence, récurrence, attentes, degré d'insatisfaction des réclamants ;

- mode de traitement actuel ;

- enjeux pour l'entreprise ;

- recommandations : stratégie, organisation, équipe, processus, outils, pilo-tage, budget, calendrier…

Ce relevé vous permettra aussi d'estimer le nombre réel de réclamations clients.

Vous pouvez vous appuyer sur les lignes directrices de la norme ISO 10002:2004 Management de la qualité – Satisfaction des clients – Lignes directrices pour le traitement des réclamations dans les organismes. Le résumé tel qu'il est publié sur le site www.iso.org est le suivant :

«L'ISO 10002:2004 fournit des conseils sur le processus de traitement des réclamations relatif aux produits au sein d'un organisme, parmi lesquels on trouve la planification, la conception, le fonctionnement, la mise à jour et les améliorations. Le processus de traitement des réclamations décrit est destiné à être utilisé en tant que l'un des processus d'un système global de management de la qualité.

L'ISO 10002:2004 n'est pas applicable à des litiges dont la résolution est soumise à l'extérieur de l'organisme, ni aux litiges relatifs à l'emploi.

Elle est destinée à être utilisée par des organismes de toute taille et de tout secteur. L'Annexe A donne des recommandations propres aux petites entreprises.

L'ISO 10002:2004 aborde les aspects de traitement des réclamations suivants :

1. Amélioration de la satisfaction du client en créant un environnement orienté client qui est ouvert aux retours d'informations des clients (y compris aux réclamations), en s'engageant à les résoudre tout en renforçant la capacité de l'organisme à améliorer ses produits et son service au client.

2. Implication et engagement de la direction par le biais de l'acquisition et du déploiement appropriés des ressources, y compris la formation des employés.

3. Reconnaissance et prise en compte des besoins et des attentes des réclamants.

4. Mise à disposition des réclamants d'un processus de traitement des réclamations ouvert, efficace et simple d'emploi.

5. Analyse et évaluation des réclamations visant à améliorer la qualité du produit et du service au client.

6. Audits du processus de traitement des réclamations.

7. Revues de l'efficacité et de l'efficience du processus de traitement des réclamations.

L'ISO 10002:2004 n'est pas destinée à se substituer aux droits ou obligations définis dans des exigences légales ou réglementaires applicables. »

3. Diagnostic consultant

Les démarches d'état des lieux sont classiques.

• Analyse documentaire pour étudier l'information existante en matière de relation client et de qualité.

• Conduite d'entretiens individuels d'1 h – 1 h 30 menés sur place auprès de la direction générale et des directeurs production, réseau, vente, marketing, communication, juridique, qualité, RH… et l'équipe service clients pour dresser l'état des lieux pour l'entreprise et pour votre entité :

– à votre avis, pourquoi est-il important de traiter les réclamations ? Quels sont les enjeux ? Quelles sont les difficultés, les contraintes ?

– que faudrait-il faire? Mieux connaître les réclamations? Quelles sont les conditions de réussite? Comment capitaliser? Comment intégrer le traitement des réclamations dans une démarche relation client? Et dans une démarche qualité globale? Comment sensibiliser l'interne et communiquer en externe? Comment mesurer la satisfaction des réclamants?...

• Rapport de synthèse et présentation au commanditaire puis au comité de direction.

Le consultant peut construire sa propre base de données de difficultés rencontrées habituellement pour traiter les réclamations clients.

1. Diversité des produits/services.
2. Complexité des produits/services.
3. Gestion perçue comme non prioritaire par la DG.
4. Insuffisance de la coopération des autres services.
5. Absence de procédures.
6. Procédure(s) trop lourde(s).
7. Non-respect des procédures.
8. Absence de sensibilisation du personnel au contact.
9. Absence d'assimilation du personnel.
10. Manque de délégation.
11. Faible partage de l'information en interne.
12. Complexité des structures/circuits.
13. Manque de moyens humains.
14. Manque de moyens financiers.
15. Faible convivialité de l'informatique.
16. Difficulté de l'analyse.
17. Dépendance informatique.
18. Dépendance de prestataire(s) extérieur(s).
19. Dépendance de fournisseurs.
20. Peu de motivation des collaborateurs.
21. Distance vis-à-vis du client.
22. Impact juridique.
23. ...

Cette base de données est à compléter par d'autres difficultés spécifiques au secteur public et aux collectivités locales :

- la mauvaise foi du querelleur ;
- le fanatisme de la procédure (le légalisme obtus) ;
- la faiblesse des moyens alloués ;
- l'enchevêtrement des responsabilités ;
- le harcèlement du citoyen redresseur de torts ;
- le rejet de la fonction publique ;
- la sape de l'opposant politique ;
- le parti pris aveugle (idéologique) ;
- le transfert d'un problème personnel à une collectivité (défouloir) ;
- la quête d'assistanat ;
- …

Exemple réalisé chez Cofidis, un leader du crédit à la consommation

- Vote avec l'ensemble des collaborateurs du SRC (chaque participant disposait d'un capital de 5 points à répartir sur les items en fonction de l'importance perçue) :

1. Diversité des produits/services : 0 point
2. Complexité des produits/services : 1
3. Gestion perçue comme non prioritaire par la DG : 1
4. Insuffisance de la coopération des autres services : 2
5. Absence de procédures : 0
6. Procédure(s) trop lourde(s) : 2
7. Non-respect des procédures : 0
8. Absence de sensibilisation du personnel : 5
9. Absence d'assimilation du personnel : 1
10. Manque de délégation : 1
11. Faible partage de l'information en interne : 3

Exemple réalisé chez Cofidis...
(suite)

12. Complexité des structures/circuits : 7
13. Manque de moyens humains : 6
14. Manque de moyens financiers : 0
15. Faible convivialité de l'informatique : 0
16. Difficulté de l'analyse : 0
17. Dépendance informatique : 1
18. Dépendance de nos partenaires : 4
19. Dépendance de fournisseurs : 0
20. Peu de motivation des collaborateurs : 0
21. Distance vis-à-vis du client : 0
22. Impact juridique : 7
23. Risque pris par la Direction : 1
– Plan d'action élaboré par l'équipe :
  • impact juridique : construire des argumentaires ;
  • complexité des structures/circuits : homogénéiser les applications informatiques et alléger certaines procédures, notamment avec la comptabilité ;
  • manque de moyens humains : recruter, créer de la polyvalence et investir dans la formation ;
  • absence de sensibilisation du personnel : mieux communiquer en interne et valoriser le traitement d'une réclamation ;
  • dépendance de nos partenaires : les convaincre de nous informer plus rapidement des retours.

4. Étude de satisfaction clients

Le mieux pour évaluer sa qualité est de le demander à ses clients. Mais il est intéressant de plus de croiser la satisfaction avec l'importance accordée à chaque critère : il faut être bon là où ça compte !

Exemple Immobilière 3F

Immobilière 3F est un bailleur social qui gère un parc de 140 000 logements et héberge plus de 500 000 personnes. L'organisme a mis en place un baromètre national de satisfaction, réalisé sous forme d'appels téléphoniques.

Parmi les critères retenus, la relation client constitue une part importante : gestion des demandes et réclamations des clients, accueil lors des visites en agences, accueil et efficacité du gardien, traitement des courriers de réclamation, gestion des e-mails. Les résultats, présentés à tous les collaborateurs, alimentent un plan d'action avec des objectifs et des indicateurs d'amélioration de la relation client.

Ils sont fixés à partir d'une matrice évaluation/importance qui permet de mieux cibler les actions en fonction des attentes prioritaires des clients.

Voici l'exemple d'une matrice évaluation/importance du Service Clientèle 3F qui répond à 1 200 appels par jour.

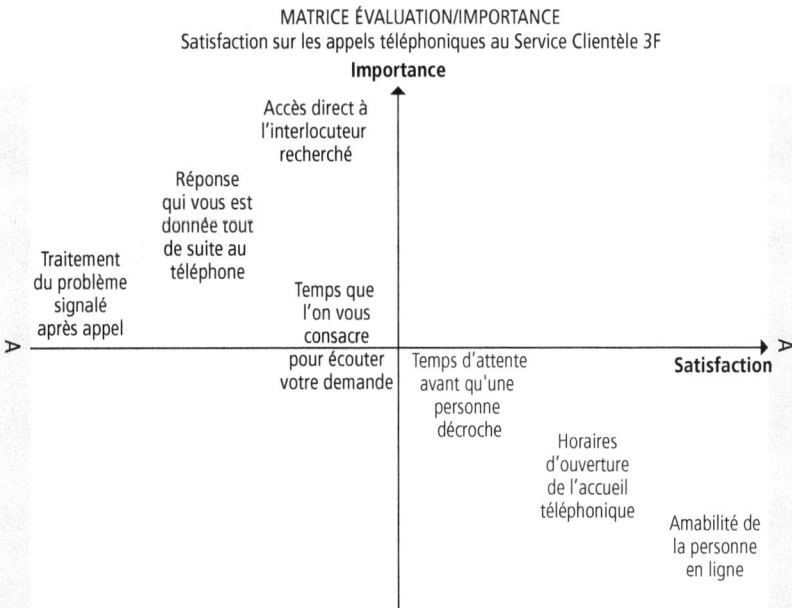

MATRICE ÉVALUATION/IMPORTANCE
Satisfaction sur les appels téléphoniques au Service Clientèle 3F

Importance

Accès direct à l'interlocuteur recherché

Réponse qui vous est donnée tout de suite au téléphone

Traitement du problème signalé après appel

Temps que l'on vous consacre pour écouter votre demande

Temps d'attente avant qu'une personne décroche

Satisfaction

Horaires d'ouverture de l'accueil téléphonique

Amabilité de la personne en ligne

La priorité est de satisfaire les attentes importantes du client. L'importance peut être établie de deux façons : en demandant au client de l'évaluer ou en la calculant par une analyse de régression linéaire.

On peut aussi sophistiquer l'étude en croisant les deux types d'importance. Cette matrice est riche d'enseignements car le positionnement des critères indique les priorités d'action.

Critères Plan d'action	(-) Importance calculée (+)	
(+) Importance déclarée	Sublimés **Communiquer**	Fondamentaux **Développer qualité et communication**
(-)	Accessoires **Ne rien faire**	Niés **Investir sur la qualité**

L'importance calculée dans les enquêtes de mesure de satisfaction montre que les clients dans leur déclaratif :

• survalorisent le temps et l'argent (les délais et les prix) ;

• sous-estiment l'humain (la compétence et le relationnel).

Exemple AGF

Autre mesure sophistiquée. Les AGF interrogent leurs clients pour calculer leur NPS (*Net Promoter Score*) : « Sur une échelle de 0 à 10, dans quelle mesure seriez-vous prêt à recommander AGF à vos amis ou collègues ? »

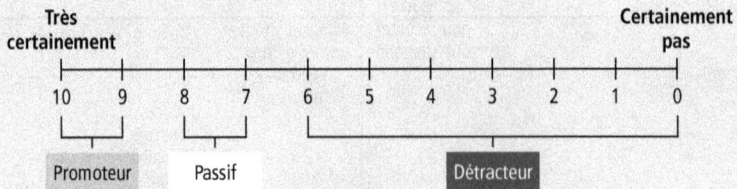

Très certainement   Certainement pas

10 9   8 7   6 5 4 3 2 1 0

Promoteur   Passif   Détracteur

Net Promoter® score = % Promoteurs - % Détracteurs

Exemple AGF (suite)

Le tableau suivant[1] démontre que la corrélation du NPS est un indicateur pertinent pour mesurer la fidélité et le comportement des clients.

Réponse à la question NPS (% des répondants)

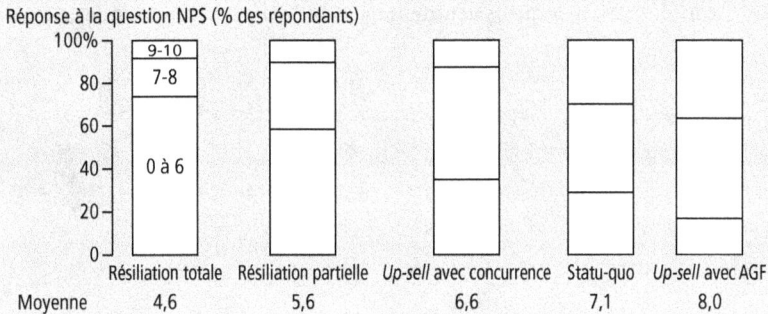

	Résiliation totale	Résiliation partielle	Up-sell avec concurrence	Statu-quo	Up-sell avec AGF
Moyenne	4,6	5,6	6,6	7,1	8,0

5. Enquête mystère

La démarche a été créée il y a vingt ans aux États-Unis. Plus de la moitié des chaînes de magasins y ont aujourd'hui recours. La méthodologie est classique. Elle consiste en une analyse incognito de la qualité de prestation d'un service grâce à des bataillons d'enquêteurs mystères en situation d'achat.

• Élaboration des outils de diagnostic en étroite collaboration avec les futurs enquêtés :

– prise de connaissance du process de traitement des réclamations ;

– conception des grilles d'analyse (référentiel) par mode de passation : face-à-face, téléphone, écrit. Il est toujours conseillé d'y associer les personnes

---

1. Analyse fondée sur 2 141 questionnaires adressés à la clientèle AGF.

Source : étude quantitative résiliation (1 003 questionnaires, avril 2006), étude quantitative équipement (1 215 questionnaires, avril-mai 2006), analyse Bain.

qui seront inspectées, à la fois pour leur expertise et pour dissiper l'impression éventuelle d'un contrôle ;

- construction des scénarii de contact : réclamation à propos d'un produit, d'un service, d'une nuisance ou d'un générique, éventuellement demandes d'information, de document ou de tarif...

• Passation d'une étude mystère : visite, appel, courrier, courriel...

- simulation : l'enquêteur peut dévoiler sa mission à la fin. Il est important d'annuler les actions éventuellement conclues : commandes, rendez-vous...

- minimum d'une population de 30, quel que soit le mode de passation : face-à-face, appel téléphonique, courrier, courriel, SMS...

- coordonnées à jour à donner à l'enquêteur.

• Saisie des questionnaires, traitement, rapport d'étude :

- taux de retour ;

- résultats triés à plat par mode de passation ;

- points forts et points faibles ;

- propositions d'améliorations par site visité et pour l'ensemble.

C'est le principe des guides gastronomiques ! Le point clé comme dans toutes les études mystères est la capacité de diagnostic de l'enquêteur.

Exemple : une idée astucieuse d'Accor Hôtels est de demander aux réclamants récidivistes de devenir pour leur enseigne des visiteurs mystères. D'une pierre deux coups : le réclamant est valorisé et reconnu pour sa capacité critique dans une optique de contribution positive, et l'enseigne bénéficie de vrais clients pour se faire auditer.

Exemple de la RATP

Une démarche originale est menée par la RATP qui a créé des témoins de ligne. Ces bénévoles aident l'entreprise à améliorer au quotidien les détails qui rendent les transports plus agréables à vivre. Ces témoins communiquent à l'Association des Usagers des Transports d'Île-de-France des fiches de témoignage sur six critères : la régularité/ponctualité, l'accessibilité/confort, l'information/signalétique, l'accueil/comportement, la netteté/propreté, la sécurité/ambiance/agrément.

– Métro : 264 témoignages reçus en 2006 de 164 témoins différents.

Thèmes récurrents identifiés : affichage électronique, panneaux directionnels, annonces sonores, escaliers mécaniques…

– RER : 326 témoignages reçus en 2006 de 133 témoins différents.

Thèmes récurrents identifiés : information en cas de perturbation, modification inopinée des dessertes, incidents techniques…

– Bus : 294 témoignages reçus en 2006 de 170 témoins différents.

Thèmes récurrents identifiés : poussettes, accostage des bus, taux de charge, affichage électronique…

6. Étude de satisfaction réclamants

La moitié des entreprises interrogées dans l'étude Amarc 2006 mesurent le niveau de satisfaction des clients après traitement de leur réclamation. Ces études sont le plus généralement effectuées sur un échantillon ; une seule entreprise déclare interroger la totalité des réclamants. Le principal support utilisé est l'enquête téléphonique.

Plusieurs exploitations possibles en découlent (citation par ordre décroissant) :

• modification de la procédure du traitement de la réclamation client (amélioration des grilles…) ;

• formation des collaborateurs ;

• diffusion en interne ;

• modification des produits/services ;

• autres : traitement des dysfonctionnements récurrents, salariés intéressés par une prime sur la satisfaction client, calcul de la participation…

L'expérience recommande une administration par téléphone et le respect de la segmentation clients de l'entreprise.

Le questionnaire se structure habituellement en quatre parties :

1. L'enregistrement de la réclamation : qualité de l'accueil et de l'écoute, personnalisation du contact, intérêt porté, empathie manifestée...

2. Le traitement de la réclamation : rapidité du traitement, information sur l'avancement du dossier, qualité des contacts, nombre d'interlocuteurs différents, aptitude à prendre des responsabilités ou initiatives, capacité à négocier une solution, facilité des démarches...

3. Les délais de réponse aux réclamations : délai pour l'obtention des premières explications, délai pour l'obtention d'une réponse définitive.

4. Le résultat : obtention de ce qui était souhaité, d'explications claires, de preuves en cas de désaccord...

Des critères d'ancrage mesurent la satisfaction générale et l'impact sur la confiance vis-à-vis de l'entreprise.

Exemples :

- Êtes-vous globalement satisfait(e) du traitement de votre réclamation ?

- Avez-vous confiance dans notre service de réclamation client ?

- Inciteriez-vous votre entourage à nous contacter en cas d'insatisfaction ?

- Pensez-vous que votre réclamation peut faire progresser notre entreprise ?

C'est cette démarche qui a été retenue par la commission du prix Amarc. Deux questionnaires ont été conçus, pour une réclamation par téléphone ou par écrit (courrier ou courriel). L'administration des questionnaires a été effectuée en suivant la répartition des canaux de réclamation telle que fournie par chacun des 25 participants. Les questionnaires papier, courriel ou CATI (téléphone) ont été saisis avec le logiciel *NetSurvey*. Les questionnaires courrier ont été envoyés avec une enveloppe T pour favoriser les retours.

Total de l'échantillon : 1 235 questionnaires, soit 50 questionnaires par entreprise participante (redressé pour les quelques cas où les remontées courrier ou courriel ont été insuffisantes).

Deux critères d'ancrage ont permis d'établir l'importance calculée :

- Êtes-vous globalement satisfait(e) du traitement de votre réclamation ?

- Avez-vous confiance dans notre service de réclamation client ?

L'importance déclarée a été chiffrée par les 160 responsables de SRC présents à la neuvième convention Amarc.

Réclamation par téléphone	Satisfaction de -100 à + 100	Importance déclarée	Importance calculée
1. Facilité d'obtention des coordonnées du service consommateurs	64	9,5	1
2. Accès au bon interlocuteur	59	12,4	13
3. Personnalisation de l'accueil	72	6,3	3
4. Possibilité d'exposer votre réclamation	82	9,5	7
5. Amabilité et mise en confiance	79	9	17
6. Compréhension de votre demande	82	12,4	4
7. Satisfaction à la réponse apportée	49	16,1	11
8. Rapidité d'obtention de la réponse	51	11,5	11
9. Ton, sourire, style	76	7,5	14
10. Conclusion de l'entretien	74	5,8	19
Total		100	100

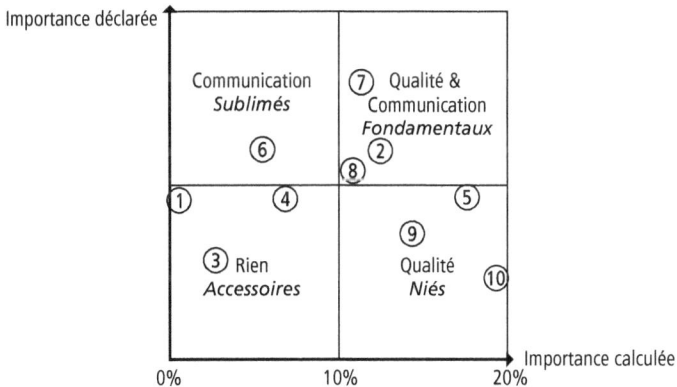

Trois enseignements étonnants pour le canal téléphone :

- l'importance de la conclusion de l'entretien (10) est fortement mésestimée ;
- à l'inverse, la facilité d'obtention des coordonnées du service consommateurs (1) n'est pas reconnue comme importante ;

- les réclamants privilégient plus l'amabilité et la mise en confiance (5) et le ton de l'entretien (9) que la satisfaction à la réponse apportée (7) ou la rapidité de son obtention (8).

La même matrice a été élaborée pour les réclamations par écrit. On constate deux notes négatives alors que pour le téléphone, la moins bonne note s'élève à + 49.

Réclamation écrite : courrier + courriel	Satisfaction de -100 à + 100	Importance déclarée	Importance calculée
1. Facilité d'obtention des coordonnées du service consommateurs	38	12	9
2. Présentation et mise en page de la réponse	47	8	16
3. Qualité de rédaction	63	11	19
4. Personnalisation	36	12	7
5. Satisfaction à la réponse apportée	- 7	15	14
6. Compréhension de la réponse	44	16	6
7. Conclusion du courrier	- 1	7	10
8. Rapidité d'obtention de la réponse	16	17	19
Total		98	100

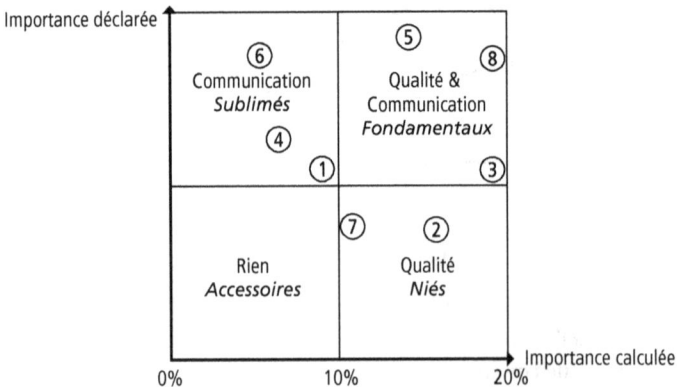

Trois autres enseignements tout aussi étonnants pour le canal écrit :

• deux notes sont négatives : la satisfaction à la réponse apportée (5) et la conclusion du courrier (7) ;

• la qualité de rédaction (3) compte autant que la rapidité d'obtention de la réponse (8) ;

• l'importance de la présentation et de la mise en page de la réponse (2) est fortement mésestimée.

Et bravo aux vainqueurs du prix Amarc : les Pépites d'or 2006 (sur 25 candidats).

1. Pépite d'or 2006 : Lactalis

2. Pépite d'argent 2006 : Danone

3. Pépite de bronze 2006 : Fromageries Bel

4. General Mills France

5. Tenneco

6. Sanofi Aventis

7. Casino

8. Opac du Grand Lyon

9. B & B Hôtels

10. Michelin

Quel bilan ?

Cette première édition a fait l'objet d'une analyse approfondie par la commission en charge du prix Amarc. Une étude de satisfaction menée auprès des participants montrait qu'ils étaient satisfaits de leur participation, mais qu'ils attendaient que la méthodologie et la restitution soient améliorées.

La commission a donc mis à plat les différents modes d'évaluation. L'intérêt de reproduire ses conclusions est qu'une entreprise est souvent confrontée aux mêmes difficultés de décision. Quatre possibilités :

1. Perception de la qualité du traitement de la réclamation auprès de réclamants

• Avantages : respect du principe de la qualité perçue, prix décerné par la cible concernée (et non par un jury).

• Inconvénients : coût, périmètre d'échantillonnage laissé au SRC, mesure des seules réclamations tracées et résolues, crainte d'inciter un réclamant à rouvrir son dossier, favorise les entreprises dont les réclamations sont de faible impact ou facilement traitables.

2. Étude mystère

- Avantage : mesure objective (pas de parasites affectifs).
- Inconvénients : coût, problèmes d'opérationnalité (nécessité de dérouler le parcours d'un réclamant jusqu'à la solution).

3. Conformité aux 20 engagements Amarc

- Avantages : audit et *benchmark* du processus.
- Inconvénients : mesure de la qualité offerte, nécessité d'auditeurs qualifiés, favorise les grandes entreprises.

4. Questionnaire adressé au SRC

- Avantages : process facilement *benchmarkable*, pas de coût.
- Inconvénients : présentation déclarative de la qualité offerte, nécessité d'un contrôle, favorise les grandes entreprises, suppose un jury et un grand oral (subjectif), difficulté de faire remplir un questionnaire au SRC.

La méthode retenue, sachant qu'aucune ne dissipera l'écueil de l'hétérogénéité des entreprises, s'est portée sur la qualité perçue pour trois raisons :

- la moins difficile à mettre en œuvre ;
- vertu barométrique en gardant les mêmes questions de la première édition (après vérification de la bonne intégration des travaux du référentiel) ;
- ajout de trois segmentations (dépendant bien sûr du nombre d'éléments dans chaque sous-population) pour éviter de mélanger satisfaction, facilité de résolution et image :
  - produits – services ;
  - secteur d'activité (exemple : les réclamants de la bancassurance sont souvent plus mécontents) ;
  - canal : écrit, courriel ou site Web, téléphone.

2 Actualisez votre stratégie – feuille de route

Votre SRC a-t-il reçu une lettre de mission? Vos collaborateurs sont-ils capables de la présenter?

Peu d'entreprises assignent à leur SRC des objectifs dynamisants. En caricaturant, l'objectif le plus classique est le «clôture-qui-peut». On imagine le patron nommant son responsable de SRC avec pour consigne : «Voici le tas de réclamations. Répondez au mieux, et que ça nous coûte le moins cher possible!»

Triste destin.

Plusieurs «bases de données» d'objectifs s'offrent à un responsable.

1. Les sept enjeux

1. Accroître la satisfaction.

2. Développer la fidélisation.

3. Consolider l'image.

4. Prévenir le contentieux.

5. Améliorer le fonctionnement de l'entreprise.

6. Aider l'animation managériale.

7. Devenir une source d'économies, voire de profit.

2. La charte d'engagements de l'Amarc

Voici un très beau travail réalisé en 2006 par la commission référentiel de l'Amarc animée par le leader mondial de l'inspection et de la certification SGS. Une douzaine d'entreprises se sont mises d'accord pour établir les engagements qu'un SRC devrait mettre en œuvre pour atteindre le niveau d'excellence. Ces engagements ont été validés lors d'une convention Amarc : 220 personnes se sont prononcées en direct sur une version de travail et ont arrêté le référentiel AMARC 2007. Il est daté car les exigences vont certainement évoluer : peut-être que les trois engagements non retenus seront intégrés ultérieurement comme des bonnes pratiques.

Définir une charte d'engagements constitue un puissant levier d'action. Il oblige à se focaliser sur un résultat. La sélection de plusieurs engagements constitue une excellente lettre de mission. La moitié des participants à l'étude Amarc se sont dotés d'un engagement d'un délai de réponse, même si tous ne la communiquent pas encore au public.

Les vingt engagements 2007 du management de la réclamation client :

1. La direction a défini clairement une politique de traitement des réclamations.

2. La direction s'engage pleinement à accompagner la politique de traitement des réclamations.

3. Un processus de traitement des réclamations est défini.

4. Le client sait comment déposer une réclamation.

5. Le dépôt d'une réclamation est simple.

6. Le personnel sait orienter le client ou la réclamation vers le bon interlocuteur.

7. Toutes les réclamations sont tracées.

8. Le personnel en charge du traitement des réclamations est professionnel.

9. Le traitement immédiat est privilégié.

10. En cas de traitement non immédiat, le client est informé régulièrement jusqu'à la réponse de l'entreprise.

11. Le choix du canal de réponse privilégie la réactivité et l'interactivité.

12. Les réponses sont personnalisées.

13. Une homogénéité de réponses est assurée.

14. Un dispositif de réparation et/ou de compensation est mis en place en fonction des dysfonctionnements avérés.

15. Un dispositif de geste commercial est mis en place et adapté en fonction des cas.

16. Le client sait comment exercer un recours.

17. Des indicateurs de suivi des réclamations sont mis en place.

18. Une analyse des causes des réclamations est effectuée *a minima* 2 fois par an.

19. Une enquête de satisfaction est réalisée auprès des clients réclamants.

20. Des axes d'amélioration sont proposés à l'entreprise et suivis régulièrement.

Engagements non retenus à ce jour :

- Le dépôt d'une réclamation est gratuit.
- Le canal de réponse le plus interactif est privilégié.
- Le client connaît les engagements de service retenus par l'entreprise.

3. D'autres objectifs

De nos missions conduites en entreprises, d'autres objectifs ont été retenus :

1. Traiter 100 % des RC.
2. Mieux prendre en compte toutes les RC (orales particulièrement).
3. Diminuer le délai de traitement des RC.
4. Réduire la taille moyenne du stock de réclamations.
5. Modifier le canal de transmission des réclamations ou des réponses.
6. Utiliser les RC comme une source d'amélioration pour l'entreprise : rôles de veille, d'alerte, de progrès, d'économie…
7. Internaliser/externaliser la structure de traitement des RC.
8. Simplifier le processus de traitement des RC.
9. Améliorer la productivité/qualité du service.
10. Transformer le SRC en centre de profit : rebond commercial, capitaliser sur une bonne re-satisfaction…
11. Certifier le SRC avec la norme NF Service X 50-788 « Centre de Relation Client » (www.marque-nf.com).
12. Supprimer toute remarque d'audit relative au traitement des RC.
13. Mieux communiquer en interne la voix du client mécontent.
14. Sensibiliser/former/motiver les collaborateurs au traitement des RC.
15. Homogénéiser le traitement des RC dans tout le réseau.
16. …

4. La maturité de fonctionnement du SRC

Autre possibilité de diagnostic : évaluer le niveau d'avancement de son SRC en le situant dans le temps dans un des quatre stades d'évolution décrits par l'auteur dans la pièce de théâtre *Du pépin à la pépite* [1].

La scène se passe dans l'agence de Saint-Flour de la banque CJP.

---

1. La première a été jouée le mardi 23 janvier 2001 au Palais des Arts et des Congrès d'Issy-les-Moulineaux à l'occasion des quinze ans d'Inergie.

Trois personnages principaux apparaissent :

- la guichetière Lorette Martin : de plus en plus aimable au fil des scènes ;
- la cliente Claude Dominique : de plus en plus exigeante ;
- le directeur régional George Saripa : toujours critique envers sa structure.

Quatre scènes (les acteurs changeant de tenue à chaque scène) montrent la progression de la maturité de fonctionnement d'un SRC.

1. Éveil : on réplique (conscience)

- 1980 : queue à un guichet, années volume
- Politique : ignorer les réclamations
- Structure : mono-point d'entrée – mono-traitement
- DR : ne voit pas l'intérêt de répondre, « c'est la faute de l'informatique »
- Bureau des réclamations : totale indifférence, dit que c'est la faute des autres

2. Sensibilisation : on applique (méthode et systématisme)

- 1990 : courrier
- Politique : réduire le nombre de réclamations, former à une procédure régionale
- Structure : multipoint d'entrée – mono-traitement
- DR : y'a qu'à pas les enregistrer, c'est la faute du fournisseur, on s'occupe d'abord de notre certification
- Département clientèle : réponses stéréotypées après la formation, correctif

3. Maîtrise : on s'explique (volonté)

- 2000 : téléphone aléatoire
- Politique : réduire les délais de réponse, former à une procédure nationale
- Structure : mono-point d'entrée – multitraitement
- DR : pas le temps de répondre, on n'a pas les moyens, passer le bébé à la DQ, autres priorités
- Direction qualité : écoute, bon sens pour concilier méthode et souplesse, j'essaie de voir à l'informatique et vous rappelle le plus rapidement possible, rétrocède des agios, préventif

4. Excellence : on s'implique (attention-s)

- 2010 : courrier électronique et visiophone
- Politique : supprimer les réclamations mais en en recueillant le maximum, ne plus gérer la satisfaction mais l'insatisfaction, mesurer la satisfaction des réclamants, former à des bonnes pratiques
- Structure : multipoint d'entrée – multitraitement

- DR : devenu exemplaire
- Service clients : autonomie, solution individualisée, je prends sur mon temps, la «chaleur ajoutée®»

5. Une liste de verbatim

Et si votre imagination venait à défaillir, voici une longue liste de verbatim pêle-mêle tels que proposés par les participants à l'étude Amarc 2006 :

- mise en place et amélioration du système informatique ;
- utilisation d'un logiciel ;
- étendre l'utilisation le plus possible dans l'entreprise du système informatique réclamation ;
- choix d'un progiciel national ;
- changement de la méthodologie d'enregistrement, mise en place d'un niveau de gravité par type de commentaires, mise en place d'un parcours de gestionnaire réclamation client, passer d'un traitement avec beaucoup de papier à un traitement informatique ;
- mise en place du nouveau logiciel de gestion des réclamations pour le groupe (= identique pour tous les pays) ;
- mise en œuvre d'un projet de gestion électronique de documents permettant un gain de temps dans le traitement de la réclamation ;
- amélioration de l'outil informatique pour prendre en compte les spécificités de la filiale commerciale par rapport aux contraintes de l'outil existant ;
- mise en place de la mesure de satisfaction client après gestion de sa réclamation ;
- mise en place d'un projet d'écoute clients (enquête qualitative, puis enquête quantitative – diagramme de Kano) qui sera géré en phase routine par le service clients de l'entreprise ;
- externalisation de la saisie des questionnaires de satisfaction ;
- mise en place d'une enquête de satisfaction régulière auprès des clients réclamants, juste après la mise en route de l'outil CRM ;
- renforcer la sensibilisation des équipes à la satisfaction du client ;
- créer une enquête de mesure de satisfaction sur la qualité du traitement de la réclamation et audits réguliers des différents services de réclamation par le biais d'une check-list préétablie ;

- mise en place d'une base de données sur le Web;
- accroître l'efficience en garantissant le rappel téléphonique de tous les clients mécontents;
- décliner des projets tendant à l'amélioration continue de la qualité apportée dans le traitement des réclamations, évolution de la formation des « Correspondants Réclamations »;
- améliorer les délais de réponse aux clients pour toutes les filiales;
- diminuer le délai de réponse;
- améliorer le traitement de la réponse : nouvelle formation des collaborateurs, revoir la bibliothèque de réponses;
- revoir la politique de dédommagement;
- mise en place d'une nouvelle démarche de traitement et de pilotage de la réclamation;
- traiter l'insatisfaction (en amont de la réclamation) détectée par les réseaux commerciaux : appels sortants;
- augmenter la satisfaction des clients en réduisant les temps de traitement;
- développer auprès des consommateurs les sentiments de considération et d'attachement à la marque;
- réorganisation du SRC;
- structuration des fonctions et augmentation de la communication;
- réorganisation de fond du service réclamation en lien avec la direction qualité;
- développement du nombre et de la professionnalisation des collaborateurs;
- la généralisation des 2 expériences régionales à l'échelle nationale;
- mettre en place un infocentre pour faciliter le suivi et le pilotage des réclamations;
- externalisation partielle, puis progressive : évolution de l'outil;
- renforcer le service assistance-support technique en clientèle (passer de 1 à 2 personnes);
- centralisation du traitement des réclamations sur quelques personnes formées;
- recruter et positionner l'activité;
- travail important sur l'écriture des procédures de traitement des réclamations;
- continuer la démarche de certification de services en reprenant l'organisation du service clients et de la direction de la Qualité;

- élaboration d'une grille de typologie de la réclamation (motifs et causes);
- communication interne et externe;
- diffuser un document pour tout le personnel sur comment traiter un client insatisfait;
- accroître la réactivité;
- déploiement du processus de délégation du budget SRC au réseau commercial;
- refonte de l'organisation comprenant une refonte de la codification/typologie des réclamations et de l'organisation avec une décentralisation accentuée;
- globaliser le service;
- mieux évaluer le coût;
- à terme, centralisation de la gestion des courriers de réclamation client;
- valoriser le SRC;
- devenir un centre d'expertise interne;
- se rendre plus visible auprès des différents services de l'entreprise;
- mettre en place plus d'indicateurs financiers de suivi des réclamations;
- imposer la visibilité du SRC à l'exploitation par une présence plus soutenue dans diverses réunions;
- mise en place de la charte services clients;
- partager ou *benchmarker* avec les autres SRC de l'entreprise;
- améliorer les possibilités de nous contacter;
- mise en place d'outils collaboratifs…

Rattachement et (dé)centralisation

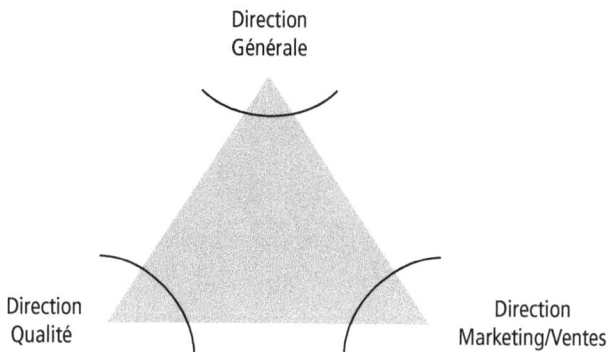

Direction
Générale

Direction
Qualité

Direction
Marketing/Ventes

1. À quelle structure sont rattachés les 58 participants de l'étude Amarc 2006 ?

	Entreprises
Direction Qualité	10
Direction Marketing	9
Direction Commerciale	9
Direction Générale	4
Total	32

D'autres rattachements sont cités :

• Direction Relations Clients ;

• Direction des Opérations et de la Logistique ;

• Direction Juridique et Compliance ;

- Direction Régulation;
- Direction Consommation;
- Direction Communication;
- ...

2. Quels sont les avantages et inconvénients des rattachements habituels?

Rattachement	Favorable	Défavorable
DG	– Impulsion de la DG – Poids de la décision – Facilité financière	– Éloignement du terrain – Est-ce son rôle? – Impulsivité parfois
Qualité	– Actions correctives rapides – Neutralité	– Sensibilité plus produits que clients – Manque de souplesse dans les procédures
Marketing Ventes	– Connaissance des offres et des clients	– Juge et partie souvent – Facilité à enterrer le problème aux ventes – Vision statistique du client

3. Vaut-il mieux centraliser ou décentraliser le traitement des réclamations clients?

Traitement	Favorable	Défavorable
Centralisé	– Suivi global – Égalité de traitement – Dépassionner le conflit – Suivi des fournisseurs	– Déresponsabilisation du terrain – Moindre rapidité – Relation plus impersonnelle
Décentralisé	– Actions correctives parfois immédiates – Implication du terrain	– Mutualisation plus difficile – Risque de non-capitalisation

Exemple : Schneider Electric a mis en place une organisation décentralisée pour garantir une qualité de réponse à ses réclamants :

– définition de paramètres pour hiérarchiser l'importance de ses clients;

- *mise en place de bases de données pour permettre aux opérationnels de traiter les réclamations en direct;*
- *orientation des réclamations complexes vers des spécialistes pour assurer un traitement de fond;*
- *validation de la réponse fournie pour garantir la satisfaction client.*

Quelle que soit la structure adaptée, assurez-vous qu'une réclamation en cours de traitement est connue des services en relation avec le client concerné.

4. Quel est l'intérêt d'internaliser et d'externaliser?

Traitement	Favorable	Défavorable
Internalisé	– Connaissance métier – Synergie des services (actions correctives) – Sentiment d'appartenance	– Gestion RH – Coût de fonctionnement – Rapport qualité/prix?
Externalisé	– Connaissance téléservices – Gestion des débordements d'activité (saisonnalité, campagnes) – Économies (off shore) – Souplesse et réactivité RH	– Méconnaissance métier – Non-appartenance – Turnover et donc formation – Non-capitalisation

5. Faut-il spécialiser par média vos collaborateurs?

Le professionnalisme y gagne, mais attention à trois critères :

- l'écrit est souvent plus valorisant que le téléphone (vécu même quelquefois comme une punition ou souvent comme un enchaînement). Une spécialisation par média peut donc être mal perçue;

  Exemple : France Télécom organise des tours de jour téléphone.

- la polyvalence permet de varier les tâches;

  Exemple : chez Michelin, 2 - 3 h de front-office (réponse au téléphone) sont alternées avec du back-office (enquête).

- une polyvalence totale est idéale lors des périodes de congés.

4 Améliorez le fonctionnement de votre service

Pilotez votre activité avec professionnalisme. L'étude Amarc 2006 a permis de hiérarchiser six paramètres et de les classer de 1 (le plus important, donc doté de six points) à 6 (le moins important, doté d'un point) selon l'importance de leur contribution au bon fonctionnement du SRC.

Contribution au bon fonctionnement d'un SRC								
Rang attribué	1	2	3	4	5	6	Total	En %
Points correspondants	x 6	x 5	x 4	x 3	x 2	x 1		
La formation des collaborateurs	126	65	40	12	6	1	250	23
Les méthodes et outils utilisés	36	80	48	24	20	0	208	19
L'entente à l'intérieur du service	36	25	16	45	22	7	151	14
La qualité de la relation interservices	48	35	56	33	14	2	188	18
L'importance qu'accorde la direction au SRC	60	60	40	24	16	2	202	19
Le *benchmarking*	6	0	8	9	18	34	75	7
Total	312	265	208	147	96	46	1 074	100

Si le niveau d'études des collaborateurs n'est pas primordial pour le recrutement, leur formation après intégration dans le service est essentielle. Elle se trouve en première position du classement des critères qui contribuent au bon fonctionnement d'un service réclamation client (pour 40 % des adhérents à l'Amarc). Ce critère est suivi par les méthodes et outils utilisés et par l'importance que la direction accorde au service réclamation client. Le quatrième juste derrière est la qualité de la relation interservices.

Pour ce faire, voici sept axes de progrès pour améliorer le fonctionnement de votre SRC (nous verrons plus loin les actions à mener pour dynamiser les équipes) :

1. Vérifiez la performance de votre processus de traitement de réclamation client.

2. Améliorez vos délais de réponse.

3. Mesurez la productivité de vos collaborateurs.

4. Élaborez vos engagements de service.

5. Développez votre « trousse à outils ».

6. Revisitez votre organisation : intitulés, descriptions de poste...

7. Ressourcez-vous à l'Amarc.

1. Vérifiez la performance de votre processus de traitement

Nous avons détaillé les sept étapes qui structurent un processus de traitement. Assurez-vous au final que votre processus répond sans faille aux douze critères du cahier des charges suivant et vérifiez régulièrement qu'il est toujours pertinent.

• Un processus doit être pour le client :

1. visible : facilité pour tout client de savoir à qui s'adresser ;

2. accessible : multicanal, penser par exemple aux aveugles...

3. compréhensible : formulation simple, penser aux non-francophones...

4. efficace : réactif et réconciliant (vite et bien) ;

5. équitable : mais ne pas éliminer l'intelligence dans l'application des procédures ! Une relation client meurt de manque de souplesse et les clients ne sont pas égaux entre eux (gravité de la réclamation et poids économique) ;

6. gratuit : frais à la charge de l'entreprise.

• Un processus doit être pour l'entreprise :

7. connu de tous les salariés concernés ;

8. compris de tous ;

9. systématisé : dans le temps et l'espace, appliqué de façon homogène, fiable ;

10. efficient : pas d'usine à gaz ! Plus la règle est simple, moins il y a besoin de règlements ;

11. partagé : pour favoriser les solutions transversales et l'amélioration continue ;

12. dynamique : l'auditer périodiquement pour en garantir l'adaptation.

2. Améliorez vos délais de réponse

- Simplifiez le process.
- Intégrez le raccourcissement des délais dans les objectifs individuels des chargés de clientèle.
- Installez une alerte dans le logiciel de traitement.
- Proposez une bibliothèque de réponses types ou de paragraphes types.
- Formez les chargés de clientèle.
- Créez et mettez à jour les FAQ sur votre site.
- Contractualisez en interne les délais de recherche de réponse.
- Créez votre réseau pour obtenir des informations objectives.
- Assouplissez la politique de dédommagement pour les très petits enjeux financiers.
- Déléguez aux chargés de clientèle le pouvoir d'accorder un geste commercial.
- Disposez d'un outil informatique performant.
- Dissociez les réclamations simples des complexes.
- Réorganisez le SRC pour optimiser les charges de travail.
- Étudiez l'externalisation des surcharges de travail.
- Créez un réseau de correspondants dans chaque site/service.
- …

3. Mesurez la productivité de votre SRC

Exemple de productivité tous médias confondus (téléphone, courriel, lettre, fax) par contact et par heure.

Services concernés	Contacts traités	Heures travaillées par mois	Productivité	Productivité hors sortant
Avant-vente	9 259	886	10,5	9,97
Technicien après-vente	4 716	546	8,6	7,97
Réclamation	3 411	539	6,3	3,97
Administratif	1 965	280	7	6,47
Cumul	19 351	2 251	8,6	7,6

Exemple : un groupe français présent à Manchester a décidé de rapatrier son activité de prise d'appels directs : la productivité de ses téléconseillers variait de 20 à 80 appels (dispersion normale : de 1 à 2).

4. Élaborez vos engagements de service

Un engagement de service est une promesse vérifiable faite au client. Il doit être pertinent pour le client, vérifiable et discriminant aux yeux du client et du marché. Par exemple : répondre en moins de 24 heures à vos réclamations reçues par téléphone et par courriel, répondre en moins de 8 jours à vos courriers postaux...

Cinq clés de succès pour la mise en œuvre :

1. Implication de la direction.

2. Expérimentation en interne de la capacité à tenir l'engagement et de la valeur ajoutée perçue par le client.

3. Adhésion de tous les acteurs internes concernés.

4. Communication faite en interne et en externe.

5. Capitalisation.

Voici plusieurs exemples.

Les six engagements du Service National Consommateurs de France Télécom

Le SNC détient une certification de service AFAQ depuis 2001 avec six engagements :

1. Facilité d'accès : tous nos clients peuvent adresser leurs recours écrits au Service National Consommateurs en permanence et par les accès disponibles de leur choix.

2. Prise en charge : un accusé de réception systématique en 5 jours ouvrés maximum et un correspondant identifié.

3. Réexamen : l'objectivité dans le réexamen de votre dossier.

4. Délai : une réponse à votre recours en moins d'un mois à partir de son arrivée dans l'entreprise.

5. Justification : une réponse argumentée à chacun des points soulevés par notre client.

6. Décision de solution : le Service National Consommateurs décide de façon autonome de l'issue retenue pour votre recours.

Trois exemples d'objectifs pour la réponse au téléphone

- Groupe Caisse des dépôts
  - 90 % des appels aboutis.
  - 90 % des appels avec une présentation.
  - 90 % des appels témoignant implication et volonté de rendre service.
  - 90 % des appels comportant une conclusion pour mesurer la satisfaction du client.
  - 90 % des appels assortis de salutations.
- Les 5 engagements de la Direction bancaire de la Caisse des dépôts pour optimiser la relation client au téléphone
1. Je réponds en moins de 3 sonneries.
2. Je me présente : « prénom, nom et/ou service, bonjour ».
3. Je manifeste implication et volonté de rendre service par : l'écoute, les questions, la reformulation, l'analyse, la réponse.
4. Je conclus pour mesurer la satisfaction du client : reformulation de la réponse, validation par le client.
5. Je n'oublie pas de saluer : formule de courtoisie.
- OPAC du Grand Lyon
  - Taux de qualité de service > 95 % (nombre d'appels décrochés/nombre d'appels reçus).
  - 90 % des décrochés < 30 secondes.
  - Taux de clôture > 90 % à J + 21.

5. Développez votre «trousse à outils»

	Cible interne (back-office)	Cible clients
Résultats	– Tableau de bord – Autodiagnostic, audit – Analyse de coûts – Intéressement	– Mesure de la satisfaction des réclamants – Tenue des engagements de service
Moyens	– Structure SRC – Réunions de service – Plan d'action SRC – Suggestions – Bonnes pratiques, charte – Formation – Groupes de travail – Communication interne	– Certification – Études mystères – *Benchmarking* – Identification des besoins latents – Communication externe

Ces outils[1] se mettent en place doucement : la photographie du taux d'équipement des entreprises en France présentée en conclusion montre que la profession gagnera à s'outiller.

S'il y avait un outil à mettre en place en priorité, le conseil serait de réaliser une étude de satisfaction clients. Tel, ce distributeur auprès de grands comptes qui a pu calculer l'impact du traitement des réclamations sur la satisfaction globale. Les résultats sont éloquents.

---

1. Ces outils sont présentés dans notre livre *Conduire une démarche qualité*, Éditions d'Organisation, 2006.

Note de satisfaction GLOBALE

```
┌────────┐
│ TOTAL  │──────────────────────────────────→ 7,39
└────────┘

┌────────┐  79 %   ┌──────┐
│ LITIGE │────────→│ NON  │──────────────────→ 7,61
└────────┘         └──────┘

   21 %   ↘  ┌──────┐
            │ OUI  │─────────────────────────→ 6,55
            └──────┘

┌────────────┐  48 %  ┌──────┐
│ TRAITEMENT │───────→│ NON  │────────────────→ 6,19
│  LITIGE    │        └──────┘
└────────────┘
     52 %   ↘  ┌──────┐
              │ OUI  │
              └──────┘
```

Note de satisfaction sur le traitement des litiges	De 1 à 5 ──→	6,18
	De 6 à 7 ──→	6,97
	De 8 à 10 ──→	**7,98**

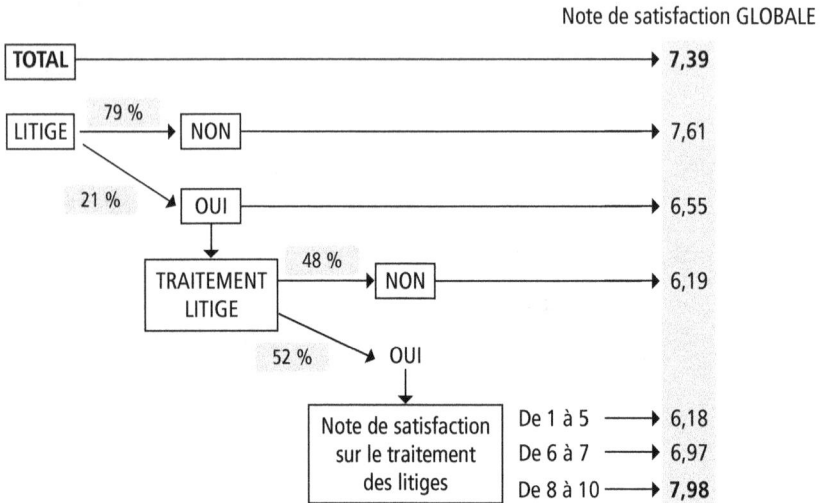

Et dès que «votre trousse à outils» sera mise en place, la communication externe s'ouvrira alors à vous.

Exemple : Orange qui n'hésite pas en avril 2007 à afficher en pleine page des grands quotidiens pour son activité Internet haut débit : «dernier en mécontentement, premier en qualité»!

6. Revisitez votre organisation : intitulés, descriptions de poste...

Les intitulés de poste d'un collaborateur SRC varient peu d'une entreprise à une autre. On retrouvera le plus souvent les exemples de titre ci-après :

- EDF Entreprises : responsable traitement des réclamations
- Carrefour : chargé(e) d'affaires
- SFR : chargé(e) de clientèle réclamations
- Batigère : chargé(e) de clientèle
- Système U : chargé(e) de réclamations
- AGF Vie, Club Med, France Télécom : chargé(e) de relation clientèle
- La Banque Postale : responsable clients
- Renault : conseiller(ère) *back-office*

- Michelin, Casino : téléconseiller(ère)
- Louvre Hôtels : gestionnaire clientèle
- Gaz de France : responsable satisfaction clients

En revanche, les descriptions de poste sont généralement un peu défraîchies. Il est toujours souhaitable de les actualiser pour intégrer les évolutions internes comme externes du métier et de l'entreprise. Voici deux exemples de fiches de poste chez Cofidis : un assistant et un responsable.

Deux exemples de fiches de poste chez Cofidis

1. ASSISTANT SERVICE AUX CONSOMMATEURS

Sous la responsabilité du Responsable du Domaine Consommateurs, dans le cadre d'objectifs semestriels, l'Assistant Service aux Consommateurs contribue à la qualité de la relation client en participant à la fonction «service aux consommateurs» de l'entreprise.

– Mission Métier

L'Assistant Service aux Consommateurs apporte à chaque client une réponse personnalisée dans le souci permanent de maintenir une vraie relation commerciale et l'intérêt de l'entreprise.

Pour cela :

- il prend en charge les courriers adressés par les clients ou les instances particulières, à la Direction générale, aux différentes Directions, aux partenaires qui expriment un litige ou une insatisfaction;
- il analyse et traite l'ensemble des réactions de ces clients dans un souci d'impartialité, de qualité et de rapidité de la réponse, tant à l'écrit qu'à l'oral;
- il entretient une communication efficace avec les Services opérationnels sur le contenu des réclamations et leur apporte l'assistance dont ils peuvent avoir besoin dans le traitement de dossiers spécifiques;
- il est l'interlocuteur privilégié des Instances Particulières (ASF, Répression des fraudes, et associations de consommateurs, CNIL);
- il participe au suivi chiffré et commenté de l'ensemble des réclamations lui parvenant.

.../...

Deux exemples de fiches de poste
chez Cofidis (suite)

L'Assistant Service aux Consommateurs contribue à la prévention des réclamations clients.

Pour cela :

- il détecte tout dysfonctionnement, mode de communication ou méthode susceptible de générer des insatisfactions clients ou d'engager la responsabilité de l'entreprise ;
- il en fait une analyse et propose à sa hiérarchie les mesures correctrices nécessaires, dans le souci de l'intérêt conjugué des clients et de l'entreprise ;
- il se tient informé des dysfonctionnements ponctuels constatés par d'autres services de l'entreprise et s'assure de la pertinence des mesures correctrices menées ;
- il émet périodiquement, à l'attention de sa hiérarchie, un bilan des dysfonctionnements détectés et des actions réalisées pour y remédier.

– Mission Management

L'Assistant Service aux Consommateurs n'a pas de responsabilité d'encadrement.

– Relations

Contacts internes

- L'ensemble des acteurs de la chaîne client de l'entreprise.

Contacts externes

- Le Groupe
- La CNIL
- La DGCCRF
- Les associations de consommateurs
- Le médiateur de l'ASF

– Qualification de la Mission

- Cette mission est positionnée sur les coefficients suivants : 255 – 275 – 295 – 310.

.../...

Deux exemples de fiches de poste
chez Cofidis (suite)

2. RESPONSABLE DU DOMAINE CONSOMMATEURS

Sous la responsabilité du Chef de Service Audit, Consommateurs et Qualité dans le cadre d'objectifs annuels ou semestriels, *le Responsable du Domaine Consommateurs contribue activement à la qualité de la relation client, en assurant la fonction « service aux consommateurs » de l'entreprise.*

– Mission Métier

Le Responsable du Domaine Consommateurs assure la prise en charge efficace du traitement des réclamations clients.

Pour cela :

- il prend en charge les courriers adressés par les clients ou les Instances Particulières, à la Direction générale, aux différentes Directions, aux partenaires, qui expriment un litige ou une insatisfaction ;
- il analyse et traite les réactions de ces clients dans un souci d'impartialité, de qualité et de rapidité de réponse, tant à l'écrit qu'à l'oral ;
- il entretient une communication permanente et efficace avec les services opérationnels sur le contenu et le traitement des réclamations, et leur apporte l'assistance dont ils peuvent avoir besoin dans le traitement de dossiers spécifiques ;
- il est l'interlocuteur privilégié des Instances Particulières (CNIL, ASF, Répression des fraudes, et certains courriers d'associations de consommateurs), dans le cadre des dossiers gérés par le Domaine ;
- il émet, diffuse et commente mensuellement auprès des managers le bilan des dossiers traités par le domaine.

Le Responsable du Domaine Consommateurs contribue à la prévention des réclamations clients.

Pour cela :

- il détecte tout dysfonctionnement, mode de communication ou méthode susceptible de générer des insatisfactions clients ou d'engager la responsabilité de l'entreprise et se tient informé des évolutions des mentalités des consommateurs ;

.../...

Deux exemples de fiches de poste
chez Cofidis (suite)

- il en fait une analyse et propose à sa hiérarchie ainsi qu'aux personnes concernées les mesures nécessaires, dans le souci de l'intérêt conjugué du client et de l'entreprise;
- il valide que les mesures correctrices soient réalisées dans le souci de la satisfaction du client et de l'intérêt de l'entreprise;
- il se tient informé des dysfonctionnements ponctuels constatés par d'autres services de l'entreprise et s'assure de la pertinence des actions correctrices menées.

Le Responsable du Domaine Consommateurs contribue à la définition des règles de fonctionnement de son domaine et en assure la mise en œuvre.

Pour cela :

- il participe à la définition des outils et des procédures nécessaires au bon fonctionnement du domaine;
- il les met en œuvre et en assure la mise à jour;
- il fait respecter ces procédures par ses collaborateurs;
- il produit, diffuse et commente mensuellement le tableau de bord de son activité à sa hiérarchie.

– Mission Management

Le Responsable du Domaine Consommateurs assure l'application de la Politique de Relations Humaines au sein de son équipe, en respectant les axes et les règles définis dans la mission management.

– Relations

Contacts internes

- L'ensemble des managers et collaborateurs de la chaîne client de l'entreprise.

.../...

Deux exemples de fiches de poste
chez Cofidis (suite)

Contacts externes
- • Le Groupe
- • La CNIL
- • La DGCCRF
- • Le médiateur de l'ASF
- • Les associations de consommateurs
- – Qualification de la Mission

La qualification de ce poste est cadre.

7. Ressourcez-vous à l'Amarc : www.amarc.asso.fr

Laissons la présidente de l'Amarc, Chantal Tryer, présenter l'Association pour le MAnagement de la Réclamation Client.

«Une association d'alchimistes…

Une association qui transforme l'ordinaire en précieux, la critique en progrès, le pépin en pépite…

Parce que des réclamations clients, nous en recevons malheureusement tous les jours, que nous travaillions dans une entreprise publique ou privée. Et qu'en faisons-nous? La voie naturelle est plutôt de les oublier, de les ignorer, voire de les cacher et de les enterrer solidement.

À l'Amarc, c'est le contraire, nous aimons les traiter car nous croyons qu'elles sont de véritables sources d'amélioration.

Traiter une réclamation «re-satisfait» un client mécontent, peut même le fidéliser, améliore l'image de l'entreprise, fait gagner de l'argent…

Des débuts très prometteurs…

Partis à 10 fondateurs en 2004, nous sommes 200 entreprises adhérentes en 2007! Preuve que l'intuition de départ était la bonne : nous avons besoin d'échanger entre nous, de partager, d'apprendre, de vérifier que nos pratiques professionnelles sont les bonnes ou qu'elles peuvent s'améliorer.

Au sein de l'Amarc, chacun d'entre nous, avec la passion et la sincérité qui l'animent, fait de son adhésion un véritable plus pour développer son métier avec les autres.

- Nos objectifs :
  - s'enrichir : approfondir, se professionnaliser, recueillir de la valeur ajoutée auprès d'experts et de praticiens ;
  - partager : créer un réseau de professionnels pour échanger, se rencontrer, s'ouvrir, s'étalonner et se challenger avec d'autres managers qui ont en charge la gestion de la réclamation client ;
  - développer : organiser des recherches, études, publications, établir une veille…
  - promouvoir : faire connaître et reconnaître (image et notoriété) la fonction management de la réclamation client, devenir les représentants de la profession en France.
- Nos activités :
  - des petits déjeuners ;
  - des groupes de travail ;
  - des conventions trimestrielles ;
  - des formations adaptées à vos collaborateurs débutants, confirmés ou aux managers d'équipe ;
  - un état des lieux des services réclamation client ;
  - un vidéo trottoir sur les attentes des clients réclamants ;
  - la création d'un référentiel ;
  - un prix Amarc qui mesure l'excellence dans le traitement de la réclamation.

Rejoignez-nous, nous allons vous faire aimer la critique et mieux encore, les râleurs ! Et vous verrez que les pépins dont tout le monde se plaint sont en fait de véritables graines de progrès pour votre entreprise.

L'Amarc vue comme une pierre philosophale et les adhérents comme des alchimistes : cela vous tente ?

Alors à vous tous, chercheurs de pépites, je vous dis à très bientôt parmi nous à l'Amarc. »

⑤ Dynamisez votre équipe

Votre processus de traitement des réclamations et votre organisation donnent satisfaction. Vos collaborateurs savent répondre aux réclamations. Votre feuille de route est intelligente : spécifique, chiffrée, réalisable, pertinente, échéancée (*smart : specific, measurable, attainable, relevant, time-bound*). Il reste quasiment le plus important : votre équipe. Gérer des personnes s'apprend, de l'embauche à la fidélisation. Il faut dire que le management d'une équipe SRC doit en plus tenir compte des nombreuses difficultés que le métier impose :

- l'isolement ;
- le stress ;
- la gestion du négatif ;
- la lassitude face à des dysfonctionnements récurrents ;
- la perte de confiance dans la capacité de progrès de l'entreprise ;
- l'usure du métier ;
- la non-reconnaissance en interne du travail…

Examinons six composantes importantes de la gestion des hommes : le recrutement, la formation, la motivation, la rémunération, la gestion du stress, le développement de carrière et le turnover.

1. Qui recruter ?

Quelles sont les qualités idéales d'une personne qui gère les réclamations clients ? L'étude Amarc 2006 nous renseigne grandement sur les critères à retenir dans les embauches.

	Nombre de citations
Le savoir être, les qualités relationnelles	42
L'expérience de la relation client	26
Les connaissances des produits/services	17
Le niveau de formation	8
La connaissance de plusieurs langues	6
Total	99

En général, le niveau Bac+2 – Bac+3 correspond au niveau de formation moyen des collaborateurs dans un service de réclamations. Contrairement à ce que l'on pourrait penser, le niveau de formation ne fait pas partie des critères les plus décisifs dans le recrutement des collaborateurs. En revanche, un critère déterminant se détache des autres : le comportement.

Il faut donc privilégier les qualités comportementales aux qualités techniques, ces dernières sont beaucoup plus faciles à acquérir. C'est d'ailleurs la différence entre éducation et formation.

Quelles qualités sont recherchées ?

Les trois qualités essentielles pour travailler au sein d'un SRC

	En nombre de citations	En %
Écoute	40	29
Empathie	31	23
Maîtrise de soi	25	18
Sens des responsabilités	23	15
Maîtrise de la langue française	15	11
Patience	5	4
Bonne présentation	0	0
Total	139	100

D'autres qualités sont citées :

- la réactivité ;
- la capacité à prendre du recul ;
- la capacité d'analyse et de synthèse ;
- les capacités rédactionnelles ;
- le courage ;
- les valeurs ;
- la prise d'initiatives.
- …

Le recrutement doit aussi prendre en compte le degré de complexité de la réclamation. Le choix peut alors se porter, soit vers un(e) juriste qui sait écrire, soit vers un(e) commercial(e) qui sait se montrer empathique.

Une pratique toujours riche d'enseignements est de demander à l'équipe SRC de hiérarchiser les qualités attendues de ses membres parmi une liste proposée.

Le profil idéal d'un(e) conseiller(ère) clientèle du SRC de l'OPAC du Grand Lyon

1. Empathie : 9 points
2. Capacité d'analyse, compréhension de la demande : 8
3. Courtoisie : 5
4. Résistance au stress : 5
5. Connaissance des produits/services : 2
6. Aptitude à communiquer (écrit, oral) : 2
7. Aptitude à traiter les objections : 2
8. Sens du travail en équipe : 2
9. Sens psychologique, bon sens : 2
10. Capacité à dire non et à le faire accepter : 0
11. Adaptabilité : 0
12. Sens commercial : 0

Quel collaborateur choisir ?

La réponse est à pondérer selon le contexte existant et le profil du manager.

	Points forts	Risques
Un(e) junior	– Enthousiasme – Dynamisme – Créativité – Moindre coût salarial	– Manque d'expérience – Pas dans les conventions – Moindre ancrage dans l'entreprise – Nécessité d'un coaching rapproché
Un(e) senior	– Maturité – Expérience – Connaissance des produits-services – Crédibilité	– Coût – Nostalgie – Management plus difficile – Moindre adaptabilité aux nouveautés, usure

Construisez votre équipe à l'image de vos clients

Où recruter des bac + 4? (liste non exhaustive) :

- DU Gestion de la Relation Client à Strasbourg
  - www.iecs.edu
- Master Professionnel Ingénierie de la Relation Client à Montpellier
  - www.isem.univ-montp1.fr
- Master Professionnel Management des Relations Clients à Rennes
  - www.esc-rennes.fr
- Master Distribution (commerce, vente et relations clients) à Paris Dauphine
  - www.dauphine.fr
- Master Professionnel en Management des Services et Relations Clients à Reims
  - www.reims-ms.fr
- Master of Science Customer Relations Organisation and Management à Clermont-Ferrand
  - www.esc-clermont.fr
- Master en Management de la Relation au Consommateur à Colmar
  - www.uha.fr

Pensez enfin au parcours d'intégration : une à plusieurs semaines de «stage-tabouret»!

Exemple : chez SFR, le (la) chargé(e) de clientèle doit avoir au moins un an d'expérience en relation clientèle avant de traiter des réclamations.

En milieu industriel, passer par le SRC est une réelle opportunité pour comprendre les besoins du client.

Exemple : quelques filiales de Renault proposent dans le parcours d'intégration des nouveaux cadres un an dans un SRC.

2. La formation

Il faut former sans formater pour autant l'ensemble des personnels (et en priorité ceux du *front-office*) à traiter une réclamation : écoute active, reformulation, questionnement…

Rappelons-nous que les objectifs d'une formation sont :

1. Transmettre des connaissances : apport de techniques.
2. Perfectionner des aptitudes : entraînement à l'action.
3. Modifier des attitudes : évolution comportementale.
4. Développer l'appétence : envie de réussite.

Former, c'est donc conduire une personne à améliorer son :

* savoir;
* savoir-faire;
* savoir être;
* vouloir faire.

Révolutionnons la loi de la relativité, n'en déplaise à Albert...

$E = MC^3$

Efficacité = Motivation x Connaissances x Compétence x Comportement

---

Exemple

Déroulé de formation pour les 1 000 chargés clientèle de la Direction bancaire de la Caisse des dépôts pour optimiser la relation client au téléphone

– **Première demi-journée**
- Présentations et contexte (10')
- Quelques rappels sur la communication (20')
- Pourquoi le téléphone est-il aujourd'hui incontournable (30')
- Qu'est-ce qu'une relation téléphonique de qualité (60')

→ Pause (15')
- Détecter les profils de clients pour adapter sa démarche (45')

– **Seconde demi-journée**
- Rappels de la première demi-journée (15')
- Savoir traiter les cas difficiles
  - *savoir refuser sans dire non (30')*
  - *savoir traiter les griefs les plus courants (30')*
  - *accueillir et prendre en charge une réclamation (30')*

→ Pause (15')
- Définir un plan d'action et conclusions (45')

Où se former ?

L'Amarc a créé une université pour diffuser les formations demandées par les adhérents. Cinq modules sont animés tous les trimestres par des formateurs sélectionnés après appel d'offres.

Cible 1 : pour tout responsable de SRC

- Dynamisez votre service réclamation : pilotez, animez, motivez, capitalisez, valorisez…

- Donnez les clés pour bien gérer les risques juridiques liés à la réclamation client.

Cible 2 : pour les collaborateurs en contact avec des clients réclamants

* Perfectionnez l'accueil et la prise en charge de vos réclamations client par écrit (courrier/courriel).

* Perfectionnez l'accueil et la prise en charge de vos réclamations client par téléphone.

Cible 3 : pour les collaborateurs débutants en contact avec des clients réclamants

* Améliorez votre traitement des réclamations : par écrit (courrier/courriel), par téléphone, en face-à-face.

3. Comment motiver son équipe?

L'enjeu de la motivation est d'obtenir de ses collaborateurs le meilleur d'eux-mêmes. Pourquoi? Tout simplement parce que des équipes motivées font des entreprises gagnantes. Et la concurrence est rude. Rappelez-vous ce qu'écrivaient les auteurs du best-seller *Service compris*[1] : «Un seul champion obtient la médaille d'or. Pour quelques centièmes. De la même façon, la compétition entre les entreprises se joue aujourd'hui sur des centimètres de gentillesse, des milligrammes d'amabilité, des dixièmes de seconde d'efficacité supplémentaires...» L'excellence est définitivement l'art du détail.

Il s'agit d'abord d'élaborer un diagnostic. La grille conçue par Inergie permet de positionner vos collaborateurs et d'adopter la conduite à tenir en fonction du niveau de motivation de chacun.

Niveau	Motivation	Conduite à tenir
3	Enthousiasme	Donner des responsabilités
2	Engagement, adhésion	Déléguer des actions
1	Accord	Impliquer, associer
0	Indifférence, neutralité	Donner du sens
- 1	Réticence	Positiver
- 2	Opposition, désaccord	Expliquer, jouer cartes sur table
- 3	Rejet	Réorienter

---

1. Philippe Bloch, Ralph Hababou, Dominique Xardel, *Service compris*, Marabout, 1997. Ce livre écrit en 1986 s'est vendu à 500 000 exemplaires.

Un point de valorisation du métier est d'indiquer que le traitement de la réclamation client est un poste d'observation très complet et très riche. En quelque sorte, un poste d'auditeur de la performance commerciale d'une entreprise.

La meilleure motivation est ensuite d'associer chaque membre de l'équipe à l'élaboration de tout ou partie du plan de dynamisation de votre SRC :

- stratégie, lettre de mission, objectifs, soutien de la direction générale ;
- organisation : structure, rattachement, correspondants, descriptions de poste…
- processus : est-il écrit, connu, compris, appliqué, mis à jour ?
- management de votre équipe ;
- moyens informatiques, financiers, juridiques…
- intégration de votre SRC dans l'entreprise : culture clients, sensibilisation, valorisation…

4. La rémunération

La motivation est financière aussi. Trois réflexions rapides sur ce sujet car toute organisation finit par épouser le destin de son système de rémunération :

- si vous payez des cacahuètes, vous n'aurez que des singes ;
- si vous offrez une grande part variable, vous n'aurez que des chasseurs et non des éleveurs ;
- si vous rémunérez le diplôme et l'ancienneté, vous n'aurez que des fonctionnaires.

Il faut prendre en compte deux composantes : le fixe et le variable.

1. Rémunération fixe : comparez vos revenus bruts annuels (k€, primes incluses)[1]

Téléopérateur	21,7
Conseiller clientèle	22,1
Technicien hotline	22,2
Responsable relation client	25,7
Responsable d'équipe (superviseur)	28,5
Directeur du service clientèle	72,4

---

1. Source : Centre d'appels – Coédition : en-contact et webhelp – 2006.

2. Part variable : intéressez votre équipe à l'excellence

- Intéressez sur les délais de traitement en valeur absolue ou en valeur relative (progrès) ou sur la satisfaction des réclamants.
- Organisez le concours de la meilleure réponse. Récompenses possibles :
  - présentation à la direction générale ;
  - article dans le journal interne ;
  - visite d'une autre entreprise exemplaire ;
  - invitation à une convention ou une formation Amarc ;
  - …
- Autre possibilité innovante : créez des engagements de service et un engagement de contrepartie. Dotez chaque unité d'un budget destiné à financer les contreparties dues au non-respect des autres engagements. Centralisez la réception des réclamations. Ce qui n'est pas dépensé en fin de période est distribué aux collaborateurs de l'unité.

Une première étude sur les rémunérations a été réalisée en mars 2007 par l'Amarc. Attention, seuls 58 questionnaires ont été recueillis. La marge d'erreur est très forte, d'environ +/- 13 % avec un indice de confiance de 95 %. Les résultats n'ont donc pas de valeur statistique, mais donnent néanmoins un aperçu des salaires pratiqués.

Rémunération globale (fixe + variable) des cadres

Sexe	Rémunération annuelle totale (moyenne)	Médiane
Indéterminé (n = 4)	45 942 €	42 133 €
Femmes (n = 18)	51 500 €	45 000 €
Hommes (n = 9)	72 455 €	70 000 €
Au global	57 625 €	52 000 €

Rémunération globale (fixe + variable) des agents de maîtrise

	Rémunération fixe (moyenne)	Médiane	Rémunération variable (moyenne)	Médiane	Rémunération totale (moyenne)	Médiane
ETAM (n = 24)	25 139 €	24 100 €	2 154 €	2 000 €	27 293 €	26 453 €

5. Gérer le stress

Les facteurs de stress sont connus[1] : la pression, les changements, les frustrations, les relations humaines, l'environnement, la violence.

Les facteurs déclencheurs de la souffrance sont nombreux :

* la surenchère à la performance et à la compétitivité ;
* l'incertitude, la perte de sens et l'absence de visibilité stratégique ;
* la réduction des effectifs ;
* les rationalisations : restructurations et concentrations ;
* les nuisances dues à la mauvaise conception des lieux de travail ;
* le fonctionnement dans l'urgence permanente ;
* l'intensification de la charge de travail ;
* la complexité organisationnelle ;
* les ordres contradictoires ;
* le manque d'encadrement intermédiaire ;
* les tensions dans les relations de travail ;
* l'absence de reconnaissance du travail accompli ;
* l'individualisation des rémunérations, objectifs, carrières et le délitement de la notion de collectif de travail ;
* l'agressivité des clients ;
* ...

La résistance à l'agressivité est nécessaire ! Or la satisfaction de l'individu au travail est aujourd'hui liée entre autres à la convivialité, à la proximité relationnelle, à l'absence de STO du XXIᵉ siècle : stress, tension et oppression !

Les gens aiment le progrès, mais détestent le changement. Ce qui change la mission du manager : il était un réducteur d'incertitude, il devient un accompagnateur d'incertitude.

➔ Point clé

La mission du manager : importer le stress pour exporter l'enthousiasme !

---

1. Source : Institut Français d'Action sur le Stress – www.ifas.net

Que faire pour «déstresser» vos collaborateurs? Le plan d'action est à construire avec votre équipe, l'appropriation n'en sera que meilleure. Les actions sont multiples, faites votre marché et inventez-en d'autres :

- valorisez le travail en permanence;
- positivez le quotidien : rappelez la valeur ajoutée du travail;
- soyez présent et disponible;
- proposez à chacun un contrat de progrès;
- cultivez la connaissance du terrain;
- soyez le porte-parole de la voix du réclamant (et donc de l'équipe) en interne;
- n'isolez pas vos collaborateurs dans un bureau;
- créez des lieux de convivialité;
- apprenez à relativiser, à prendre du recul;
- publiez un «book» de remerciements;
- créez un esprit d'équipe pour contrebalancer l'exposition client permanente;
- organisez un coaching mensuel d'une heure de vos téléconseillers avec leur superviseur;
- lancez un challenge interne, un quiz...
- valorisez votre équipe en participant au prix Amarc;
- imprimez un bon de colère (feuille sur laquelle est inscrit «Bon de colère» et qu'on peut déchirer en mille morceaux);
- débriefez en milieu de journée un cas difficile;
- organisez un séminaire TEUF : Travail, Équipe, Humour et Fun;
- améliorez l'environnement matériel;
- diversifiez les tâches;
- demandez à vos collaborateurs de sensibiliser les collègues;
- apprenez des méthodes de respiration et relaxation;
- construisez en équipe une méthode de prise de recul;
- communiquez les bons résultats de l'entreprise;
- organisez un challenge collectif;
- créez un bêtisier de la réclamation;
- élaborez et revisitez vos argumentaires;
- créez une dynamique interne sur un sujet qui gêne beaucoup;
- affichez les lettres de félicitations;
- ... et si vous demandiez à votre équipe?

6. Le développement de carrière et le turnover

Le turnover moyen d'un(e) chargé(e) de clientèle téléphone est de 3 ans. La moyenne présente en fait une grande dispersion :

- la première année : > 50 % !
- les années suivantes : turnover faible.

Quels sont les critères sensibles sur lesquels l'entreprise peut influencer pour réduire ce turnover ? L'étude Amarc 2006 apporte des réponses.

Principaux motifs de départ

	Nombre de citations	En %
Manque de possibilité d'évolution	24	30
Stress	15	17
Routine	14	17
Salaire	11	13
Absence de motivation	10	12
Équilibre vie professionnelle – vie privée	5	6
Précarité, CDD	2	3
Horaires	1	2
Environnement de travail (site, bureau, nuisances sonores…)	0	0
Total	82	100

Quelle est la marche à suivre d'un collaborateur ? Inergie a établi la règle des « 5 fois 3 » pour tout salarié qui doit montrer au bout de :

- 3 jours : de la curiosité ;
- 3 semaines : de l'aptitude ;
- 3 mois : de l'initiative ;
- 3 ans : de l'expertise ;
- 3 décades : une folle envie de retraite !

6

Soyez force de proposition pour toute l'entreprise

1. Partagez problèmes et solutions avec les autres services

Le SRC n'est pas une poubelle à problèmes ! Le SRC n'est pas non plus une voie de garage, mais un centre de triage qui doit aiguiller les wagons de réclamations sur les rails du progrès à destination de la gare de l'excellence…

Prenons une autre analogie présentée au début de l'ouvrage. Le SRC doit être le soleil de l'entreprise qui éclaire les décisions de chacun de ses services. Le progrès initié par le SRC doit rayonner dans toute l'organisation.

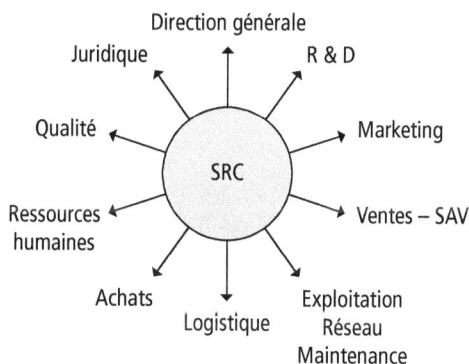

L'idéal est de définir tous les progrès que votre SRC peut apporter du fait même de la connaissance intime de l'insatisfaction clients. Exemples d'actions à bâtir en équipe :

- DG : le SRC établit un bilan mensuel comprenant le délai moyen de réponse, le nombre de réclamations, les motifs, LE sujet récurrent…

- R & D : les remontées clients sont prises en compte pour améliorer les produits actuels et les produits à venir ;

- Marketing : les suggestions issues des réclamations client sont transmises au marketing. Le SRC participe à l'amélioration de la communication marketing ;

- Ventes/SAV : le SRC associe les ventes/SAV à l'optimisation des argumentaires. Le SRC signale les clients mécontents. Le SRC participe à l'amélioration de la documentation commerciale ;
- Exploitation/réseau/maintenance : l'enregistrement de plusieurs réclamations sur un même produit – service déclenche une alerte ;
- Logistique : les motifs de réclamations sont transmis pour améliorer les services de livraison, transport, montage…
- Achats : le SRC informe les Achats des réclamations pour que certains contrats de sous-traitance soient renégociés, voire non renouvelés ;
- RH : les profils des postes du SRC sont actualisés, la culture d'entreprise développe l'intérêt d'accueillir toute réclamation, des actions de formation sont mises en place…
- Qualité : le suivi des réclamations s'intègre dans le plan d'action qualité de l'entreprise et dans les actions à mener ;
- Juridique : les offres sont revues au filtre des réclamations reçues, les argumentaires aussi, sans oublier les courriers de réponse.

Des exemples d'actions pour accroître la visibilité de l'action du SRC

- Proposer un tableau de bord à chaque entité.
- S'intégrer dans l'ordre du jour de réunions de service/conventions générales…
- Présenter une (ou plusieurs) réclamation(s) au début de chaque comité de direction ou réunion de service : l'humilité est l'antichambre du progrès (mis en place chez Surcouf).
- Proposer à son directeur général de se rendre chez un client mécontent (mis en place chez Valeo Distribution France).
- Créer un *reporting* réseau pour se *benchmarker* entre filiales et intéresser les managers (mis en place chez Renault).
- Organiser une réunion de 20 minutes toutes les semaines avec le directeur général et les responsables concernés pour examiner les litiges et identifier les priorités d'amélioration (mis en place chez Intersport).
- Constituer un panel avec ceux qui ont réclamé fréquemment pour recueillir leurs attentes et leurs idées de solutions…

Exemple de contributions internes
du SRC de l'OPAC du Grand Lyon

- Organiser des tours de table/réunions/délégations… dans chaque service pour leur démontrer la plus-value apportée à l'entreprise par la synergie des actions.
- Maîtrise d'ouvrage : informer de tous les dysfonctionnements sur les produits.
- Marketing : informer des demandes d'information récurrentes qui pourraient être communiquées en amont aux locataires.
- Offre et clientèle : donner un retour sur les actions commerciales.
- Maintenance : remonter les dysfonctionnements des fournisseurs (pour améliorer la gestion des fournisseurs et affiner les appels d'offres).
- DG : construire le tableau de bord des réclamations clients.

2. Communiquez en interne

Il est essentiel de partager l'information : ne vous «ghettoïsez» plus et communiquez régulièrement en permanence tous les progrès réalisés. La réclamation est une formidable arme anti-ankylose. Vous savez que l'ankylose commence par tuer toute rapidité de réaction, puis termine par tuer toute réaction. La réclamation est le meilleur ambassadeur de la remise en cause.

Deux exemples

- Sony réalise une newsletter trimestrielle sur les réclamations et leur nature à l'attention des collaborateurs.
- France Télécom publie sur l'intranet une veille mensuelle appelée «Le cri du client» :
  - éditorial de 15-20 lignes ;
  - 1,5 page sur le traitement de verbatim de clients concernant les nouveaux produits, les problèmes qui émergent…
  - 0,5 page sur quelques chiffres : délais, les 10 motifs récurrents…
  - 2 cas clients : lettre du client, réponse du SNC, préconisations.

De nombreuses actions de communication interne sont possibles, le message étant de promouvoir l'alerte pour éviter la perte :

- publiez les *top ten* des réclamations ;
- informez discrètement les dix sites à qui sont attribuées le plus de réclamations ;

  Exemple : Louvre Hôtels délivre cette information appelée le   flop ten.

- invitez des collaborateurs dans votre SRC ;
- allez sur le terrain pour échanger ;
- intégrez-vous dans les formations d'accueil ;
- organisez des groupes de travail avec d'autres services ;
- prenez un stand dans les forums ou *market places* internes ;
- mutualisez les bonnes pratiques d'une région/entité ;
- publiez les résultats de traitement réussi des réclamations ;
- publiez le bêtisier de la réclamation ;
- créez une présentation de votre SRC en 3 ou 5 diapositives ;
- …

La communication interne suit une progression logique. Il est difficile de sauter une marche. Tout émetteur doit informer, puis expliquer, mobiliser et entraîner pour que son interlocuteur puisse savoir, comprendre et veuille s'engager et agir. Un directeur général demandera qu'on monte les marches du progrès quatre par quatre. Impossible. L'appropriation passe par ce cheminement (qu'il aura d'ailleurs lui-même suivi avec son comité de direction).

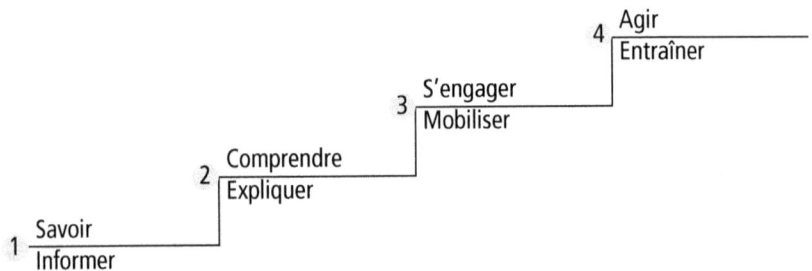

Deux conseils donc pour réussir dans sa communication interne : s'assurer du niveau atteint par le récepteur avant de passer au suivant et donner du temps au temps.

Conclusion

Un grand avenir pour la réclamation client en France

Heureux êtes-vous les experts de la réclamation, avons-nous déclaré en introduction, tant il est vrai que le marché de la réclamation ne peut que croître :

- la réclamation est universelle ;
- la démocratie autorise la divergence des points de vue ;
- la guerre de la fidélisation et la personnalisation de l'offre favorisent l'expression de la moindre insatisfaction par des clients devenus d'une exigence infinie ;
- la loi et le consumérisme protègent les consommateurs ;
- les médias adorent ce qui ne marche pas ;
- la réclamation est fille de l'esprit critique, grand pilier de notre patrimoine culturel ;
- Internet offre à chacun un moyen extrêmement facile, puissant, gratuit et immédiat pour prendre la parole ;
- nos entreprises en sont encore à l'adolescence craintive.

Le métier est en plein essor car le relationnel est la clé du XXIe siècle. Votre job est assuré pour des générations ! Et ce d'autant que le paysage français des SRC (étude Amarc 2006) montre des entreprises plus réactives qu'anticipatrices.

L'analyse des enjeux révèle une image très défensive des entreprises françaises

L'entreprise exploite peu ce gisement de pépites, cette source intarissable de progrès. Elle perçoit la réclamation plus comme une menace que comme une opportunité. Elle est sur la défensive. Notre expérience montre que la prise en compte de ces enjeux est aujourd'hui très inégale.

Les 7 enjeux d'un traitement des réclamations clients (3 premiers orientés clients et 4 autres orientés entreprise)	Prise en compte (moyenne France)
1. La satisfaction	95 %
2. La fidélisation	30 %
3. L'image	80 %
4. La prévention du contentieux	99 %
5. L'amélioration de l'efficacité de l'entreprise	40 %
6. L'aide à l'animation managériale	5 %
7. Une source d'économies, voire de profit	1 %

Ces sept enjeux sont très inégalement pris en compte en France. Notre expérience indique que la mise en œuvre d'une politique de réclamations est le plus souvent motivée par les trois enjeux 1, 3 et 4 : or ce sont des enjeux de devoir, de maîtrise de risque (de réputation) et de crainte. Tout contre la menace. L'entreprise serait-elle tétanisée par une paranoïa paralysante face à tous ces médias offensifs, associations de consommateurs tenaces et nouveaux mouvements altermondialistes et antipub ?

Peu est organisé pour transformer le pépin en pépite, *to turn coal into diamonds* comme il a été traduit lors de notre intervention chez Louis Vuitton Malletier.

Les enjeux 2, 5, 6 et 7 ne sont pas encore bien intégrés. Ne sont sollicités ni l'intelligence, ni le progrès, ni la mobilisation, ni la capitalisation.

L'entreprise est spectateur et non acteur de ses réclamations, elle est passive, elle subit. Des sept objectifs assignables au management de la réclamation client : rattraper, reconquérir, préserver, éviter, progresser, mobiliser, capitaliser, les trois mis en avant ne sont que des finalités défensives. L'entreprise a de la route à faire !

Une stratégie de SRC trop souvent limitée au traitement des réclamations écrites

Un immense champ de progrès s'ouvre là aussi à l'entreprise :

- les capteurs ne mesurent le plus souvent que le nombre de réclamations écrites (il faudra aller plus vite que le réchauffement climatique pour faire fondre l'iceberg des réclamations non tracées) ;

- peu d'établissements ont défini une autre feuille de route que de répondre au mieux : c'est le « clore-qui-peut » !

- le délai moyen de réponse aux courriers est de 11 jours : l'objectif serait de descendre sous les 8 jours ;

- la réclamation n'est pas encore bienvenue au sein de l'entreprise. Les réclamants ne sont pas chouchoutés, maternés… On est loin du culte de la réclamation !

L'entreprise répond aujourd'hui au minimum de réclamations. Les deux principaux chantiers à venir sont à notre sens : diminuer le délai de réponse et tracer 100 % des réclamations.

Les structures des SRC en France se cherchent

Les structures des SRC en France se cherchent entre centralisation et décentralisation, internalisation et externalisation, spécialisation ou intégration, rattachement à la direction générale, au marketing-ventes ou à la qualité…

Se dégagent néanmoins trois tendances :

- l'adoption d'un processus unique avec une application locale souple, la volonté d'homogénéiser sans uniformiser pour autant ;

- le souhait de privilégier les canaux réactifs et interactifs ;

- la création de recours, médiateurs, conciliateurs…

Leur boîte à outils est encore peu développée

Voici en pourcentage notre estimation du taux d'équipement des entreprises en France.

	Cible interne	Cible clients
Résultats	– Tableau de bord : 80 % – Autodiagnostic, audit : 20 % – Analyse de coûts : 10 % – Intéressement : 1 %	– Mesure de la satisfaction des réclamants : 10 % – Tenue des engagements de service : 5 %
Moyens	– Structure SRC : 80 % – Réunions de service : 90 % – Plan d'action SRC : 30 % – Suggestions : 10 % – Bonnes pratiques, charte : 10 % – Formation : 50 % – Groupes de travail : 10 % – Communication interne : 20 %	– Certification : 1 % – Études mystères : 10 % – *Benchmarking* : 15 % – Identification des besoins latents : 1 % – Communication externe : 5 %

Le métier est encore peu reconnu

Répondre tous les jours aux réclamations de vos collègues demande du dévouement, voire de l'abnégation. C'est un métier dur, où il faut à chaque instant importer du mécontentement pour exporter de l'apaisement. C'est un métier jeune : la première convention de l'Amarc date de 2005. C'est un métier qui a besoin de professionnalisation : 200 entreprises ont rejoint l'association en moins de 3 ans, la demande était là. Médecin et pompier sont des métiers admirés. À quand leur reconnaissance en entreprise ?

Alors, que prescrire aux entreprises françaises ?

Nous avons vu de nombreuses possibilités de s'améliorer. Nous retiendrons quatre axes de progrès prioritaires.

1. Faciliter le recueil des réclamations

Si la réclamation est une source de progrès, le bon sens implique qu'il faut en recueillir le maximum et non en limiter les flux. L'avenir est à la mise en place des dispositifs de facilitation : ouvrir tous les canaux et le faire savoir, rendre simple et gratuit le dépôt d'une réclamation.

Un beau chantier à ouvrir sera de tracer les réclamations orales et de les faire comptabiliser par le personnel au contact.

2. Améliorer les délais de réponse

L'entreprise gagnera à développer les canaux interactifs et particulièrement privilégier le téléphone, aussi bien pour l'entrant que le sortant, ainsi que le courriel.

3. Homogénéiser le processus mais l'appliquer avec souplesse

Il s'agit à la fois de définir une règle pour donner de la consistance et de la cohérence à la parole de l'entreprise, mais aussi de pouvoir personnaliser les réponses et donc responsabiliser les personnes au contact sur la recherche rapide de solutions. Oui aux murs porteurs, non aux cloisons !

4. Faire évoluer la culture de l'entreprise

Un jour viendra où l'entreprise créera le droit d'ingérence : un collaborateur qui observe un dysfonctionnement dans un service voisin aura le droit de le signaler. Nous pensons même que ce droit d'ingérence deviendra un devoir... Il faut compléter le dicton latin : « Errare humanum est, perseverare diabolicum[1] », par « ignorare mortiferum ! » Si une erreur n'est pas une faute, l'ignorer (ne pas la voir comme ne pas vouloir la voir) en est une. Et laisser le client avec cette erreur en est une autre.

Le défi des entreprises françaises est donc de savoir attirer la critique et la transformer en amélioration. C'est la mission extraordinaire d'un SRC, votre mission : reconstruire la relation client. Objectif : 100 % de réclamants fidélisés !

---

1. « Se tromper est humain, persister dans son erreur est diabolique. » Saint-Augustin, *Sermones,* CLXIV, début du Ve siècle. Nous ajoutons : « ignorer l'erreur est définitivement mortel ».

ANNEXES

Ces trois réclamations ont été vécues par l'auteur. Elles sont assez originales pour être reproduites ici (dans un ordre chronologique pour faciliter la compréhension).

Tranches de vie...

De : Philippe [mailto:philippe@detrie.com]
Envoyé : dimanche 22 octobre 2006 19:07
À : citedelareussite@chk.fr
Objet : Organisation déplorable

Bonsoir,

Quelle belle idée que vos débats ! Mais encore faut-il pouvoir y accéder... Invité hier soir par Monsieur Carlo d'Asaro, P-DG d'AOL France, à participer à son débat, je m'en suis fait interdire l'entrée (par des hôtesses heureusement sympathiques) : complet ! Je ne sais pas si Madame Cécilia Sarkozy qui venait de se faire refouler s'était inscrite, mais je m'y étais inscrit dès réception du carton d'invitation. Il est venu dîner hier soir à la maison et je ne me suis pas privé de parler de votre incurie.

Cet après-midi, pour assister au débat sur l'Europe, même inorganisation. J'étais présent à 14 h 25. Après 25 minutes d'attente sans aucune explication, j'ai dû partir évaluant encore 20 minutes d'attente sur le trottoir.

S'il vous plaît, n'invitez pas les personnes que vous ne pouvez pas accueillir.

La Cité de la réussite, oui. L'échec de votre organisation, non !

Philippe Détrie
+33 (0)6 08 64 23 80

De : Philippe [mailto:philippe@detrie.com]
Envoyé : samedi 4 novembre 2006 06:53
À : citedelareussite@chk.fr
Objet : RE : Organisation déplorable

De la part de ceux qui se prétendent citoyens, gourmands de réussite et cette année responsables, un petit mot d'explication ou *a minima* d'excuses serait le bienvenu.

Très tristement.
Philippe Détrie

De : Jacques HUYBRECHTS [mailto:jhuybrechts@chk.fr]
Envoyé : vendredi 1 décembre 2006 17:43
À : philippe@detrie.com
Objet : Cité de la réussite

Monsieur,

Je vous prie tout d'abord d'excuser notre silence mais nous essayons de répondre progressivement à toutes les demandes, certaines très agréables (heureusement), d'autres moins.

Je ne chercherai en rien à nous cacher derrière de quelconques raisons mais il vous faut quand même quelques explications sur les raisons qui ont provoqué ces queues, ces foules et ces quelques ratés. Vous en avez été malheureusement victime.

Comme vous l'avez peut-être vécu ou appris, nous avons eu la visite au cours de ce week-end, 21 et 22 octobre, de certains responsables politiques (Nicolas Sarkozy, Ségolène Royal et Dominique de Villepin).

Nous les avions invités de nombreuses semaines avant l'événement mais ils ont répondu au dernier moment; dans le cas de Nicolas Sarkozy et Dominique de Ville-pin, pour des raisons de sécurité. Les responsables de leur sécurité craignaient des manifestations. Je vous rappelle que quelques mois avant, la Sorbonne avait été occupée par le mouvement anti-CPE.

.../...

Le vendredi 20 octobre, veille de la venue de Sarkozy, le ministère de l'Intérieur et la Sorbonne nous ont imposé des mesures de sécurité drastiques qui ont totalement contrarié notre propre organisation. Quelques exemples : portiques de sécurité et contrôles d'identité imposés, détournement des accès VIP, accès à la Sorbonne coupés, déminage avant les débats...

En plus de quinze ans d'organisation de cet événement et après avoir reçu plusieurs chefs d'État ou ministres, jamais nous n'avions eu affaire à un arsenal de sécurité aussi drastique.

Pour tout vous dire, nous avons failli annuler leur participation tant elle allait engendrer et modifier notre organisation. Nous ne l'avons pas fait, c'est discutable.

Alors, en ce qui vous concerne, vous avez subi cette situation car les contrôles des laissez-passer s'en sont trouvés complètement bouleversés. Beaucoup de gens se sont retrouvés dans des débats qu'ils n'avaient pas choisis. Comme ils ne pouvaient pas ressortir, de crainte de ne plus pouvoir entrer, ils sont restés.

Le dimanche, pour le débat sur l'Europe, même chose, contrôle de l'amphi par le déminage, pour la venue de Dominique de Villepin deux heures plus tard. Normalement, vous auriez dû pouvoir rentrer mais avec énormément de retard.

Je suis vraiment confus de tout cela car je vous assure que cela ne nous ressemble pas. Si vous nous connaissiez !

Nous avons toujours souhaité que cet espace de débat citoyen, unique en Europe, soit un lieu ouvert, accessible au plus grand nombre et surtout pas prétentieux.

La seule façon que j'ai de pouvoir corriger le tir est de vous proposer de vous inviter à nos prochaines rencontres, avant la prochaine édition de la Cité de la réussite. Nous organisons d'autres types de débats et forums.

Pourriez-vous me transmettre votre adresse postale ?

Encore une fois, je vous prie d'excuser cette «incurie» dont nous tirerons les enseignements qui s'imposent pour la prochaine occasion.

En vous souhaitant une bonne soirée,

Très cordialement,

Jacques Huybrechts (fondateur de la Cité de la réussite)

From : Philippe
To : Jacques HUYBRECHTS
Sent : Monday, December 04, 2006 9:30 PM
Subject : RE : Cité de la réussite

Bonsoir Monsieur,

Merci de votre longue explication qui me fait comprendre votre embarras mais qui me laisse un peu réservé. La maîtrise de l'événement vous a échappé. Alors quels enseignements ?

1. Vous me le proposez gentiment, j'accepte volontiers que vous m'adressiez de nouvelles invitations. Mon adresse est Philippe Détrie, 6 avenue du Général Détrie, 75007 Paris : +33 (0)6 08 64 23 80.

2. Permettez-moi de vous suggérer un critère de mesure : votre manifestation sera citée comme une réussite le jour où vous ne plierez pas devant les forts et serez capable de dire non à des puissants qui s'invitent au dernier moment au détriment de citoyens républicains sans doute trop cons de n'être pas précédés de motards ni de services de sécurité.

3. Votre réponse est fort bien tournée. M'autoriseriez-vous à la publier dans la 3ᵉ édition de mon livre *Les réclamations clients* comme exemple de ce qu'il faut faire ? (je vous promets que l'idée ne m'en était pas venue jusqu'à réception de votre mail).

Voilà. C'est certainement idiot de vous reprocher votre succès, mais je ne suis pas d'accord pour subir l'exclusion de prétendus démocrates. Qu'ils ne fassent pas la queue, je comprends. Mais qu'ils empêchent les simples quidams bêtement inscrits et gourmands de venir sereinement faire le plein d'intelligence, non !

Encore bravo pour votre initiative remarquable et à bientôt j'espère.

Philippe Détrie

De : Jacques HUYBRECHTS [mailto:jhuybrechts@chk.fr]
Envoyé : mercredi 6 décembre 2006 16:50
À : Philippe
Objet : Cité de la réussite

Bonsoir,

J'ai essayé de vous donner le plus de détails possible car les raisons étaient plus complexes qu'il n'y paraissait.
Dire NON aux puissants, c'est possible. Mais pouvait-on vraiment se passer d'eux sur un thème tel que «la Responsabilité»? Vous pouvez retrouver ces débats sur le site ina.fr
En ce qui concerne la réponse que je vous ai faite, vous pouvez tout à fait la reprendre dans votre prochain livre. Je vous en remercie.

En espérant avoir le plaisir de vous rencontrer à l'occasion,
Très cordialement,
Jacques Huybrechts

Deux autres réclamations, qui concernent justement les réclamations... Les textes ont été retranscrits tels quels, les noms des personnes ont été simplement remplacés par leurs fonctions et ceux des entreprises banalisés...

De : Philippe Détrie
Envoyé : dimanche 18 février 2007 21:15
À : formatrice@département.cci.fr
Cc : président@département.cci.fr
Objet : Réclamation

Bonjour Madame,

Je suis plus que désagréablement surpris par la lecture de votre programme «428 – Mieux gérer la réclamation client» sur le site de la CCI de votre Département.
.../...

...*/*...

Fonder toute votre pédagogie sur le copier-coller du plan de mon livre *Les réclamations clients* sans même me citer ou citer mon ouvrage (je ne parle même pas de me demander mon consentement!) relève d'une violation flagrante du droit d'auteur. C'est tout simplement de la contrefaçon.

En espérant que vous saurez me donner réparation de mon préjudice, j'attends avec impatience votre réponse à ma réclamation.

Philippe Détrie

Président

Inergie : +33 (0)1 41 09 05 05

Portable : +33 (0)6 08 64 23 80

Et pour mieux nous connaître : www.inergie.com

De : Philippe Détrie

Envoyé : mercredi 14 mars 2007 19:35

À : formatrice@département.cci.fr

Cc : président@département.cci.fr

Objet : TR : Réclamation

Bonjour Madame,

Vous avez reçu le courriel ci-après il y a maintenant 15 jours. Pas de réponse de votre part.

Le président de la CCI du Département m'a répondu courtoisement et rapidement (en date du 21 février) :

« Monsieur,

J'ai bien reçu votre message électronique du dimanche 18 février dernier.

...*/*...

.../...

Les programmes de formation étant conçus par nos prestataires, mes services prennent donc contact avec l'intervenant concerné et je vous tiendrai rapidement informé des suites à donner.

Veuillez agréer, Monsieur, mes distinguées salutations. »

Je m'étonne de n'avoir rien encore reçu de votre part, d'autant que puisque vous utilisez mon livre, vous savez que la rapidité de réponse et la reconnaissance de ses torts sont des critères essentiels pour bien traiter une réclamation.

Sachez que si je n'ai pas de nouvelles de votre part d'ici la fin du mois de mars, je mettrai ce dossier dans les mains de mon avocat.

Philippe Détrie

Lettre recommandée du 15 mars 2007 avec accusé de réception du président de la CCI du Département à l'attention de Philippe Détrie.

« Monsieur,

Nous venons vers vous pour faire suite à notre courrier du 21 février 2007.

Il semble qu'effectivement notre prestataire, organisateur de la formation litigieuse ait été quelque peu négligent en reproduisant une partie du plan de votre ouvrage *Les réclamations clients* sans vous citer ou citer votre ouvrage.

Nous avons fait le nécessaire immédiatement pour retirer de notre site Internet la fiche programme n° 428 et en interdire toute mise en place.

Nous intervenons par ailleurs auprès de notre prestataire pour lui faire part de notre mécontentement et lui demander d'être autrement attentif aux droits des auteurs dont les ouvrages ou une partie d'ouvrage seraient cités.

En espérant vous avoir ainsi donné satisfaction,

Je vous prie de croire, Monsieur, à l'assurance de mes salutations distinguées.

Yves Broussoux »

De : Philippe Détrie
Envoyé : mardi 3 avril 2007 12:33
À : formatrice@département.cci.fr
Cc : président@département.cci.fr ; MARTINE.SORDEL@wanadoo.fr
Objet : RE : Réclamation

Bonjour Madame,

Je reste désagréablement surpris de votre absence de réponse à mon mail précédent.

Monsieur Yves Broussoux en revanche m'a adressé un courrier daté du 15 mars dans lequel j'ai pris bonne note qu'il avait fait retirer ce stage de l'offre de formation de la CCI. Je l'en remercie.

Des excuses de votre part seraient un minimum. J'attends deux autres choses :

- le nombre de stages que vous avez animés en utilisant tout ou partie de mon livre ;
- votre engagement à renoncer à diffuser ce stage, sauf à avoir obtenu mon autorisation préalable.

À défaut d'obtenir réparation de mon préjudice, j'ai demandé à mon avocat Maître Martine Sordel de saisir la juridiction compétente.

Sincèrement.
Philippe Détrie

De : animatrice [mailto: animatrice@wanadoo.fr]
Envoyé : vendredi 6 avril 20:52
À : Philippe Détrie
Objet : Re : Réclamation

Monsieur Détrie,

Suite à notre communication téléphonique de ce jour, je vous remercie de m'avoir adressé la copie de vos courriels (que je n'avais jamais reçus de la CCI).
En toute bonne foi de ma part, je vous présente encore toutes mes excuses.
Sincèrement.
Animatrice

Lettre recommandée du 10 avril avec accusé de réception du juriste de la CCI du Département à l'attention de Philippe Détrie.

«Monsieur,
Pour faire suite à notre conversation téléphonique de vendredi dernier, je vous communique le nombre des stages effectués par l'animatrice et non la formatrice qui est l'une de nos collaboratrices. Deux stages ont été réalisés en inter et trois en intra : (...)
Je vous adresse également les coordonnées de l'animatrice : (…)
J'ai bien pris bonne note que vous souhaitiez avant tout des excuses de sa part ainsi que trouver un accord avec elle sur l'éventualité de poursuivre ce stage avec votre autorisation.
J'ai par ailleurs pris l'initiative de contacter l'animatrice pour l'inciter vivement à vous joindre le plus rapidement possible.
Je vous remercie de bien vouloir me tenir informée de l'issue de cette affaire.
En espérant vous avoir ainsi donné satisfaction, je vous prie de croire, Monsieur, à l'assurance de mes salutations distinguées.
Juriste»

De : Philippe Détrie
Envoyé : vendredi 27 avril 13:38
À : Animatrice
Cc : juriste@Département.cci.fr; MARTINE.SORDEL@wanadoo.fr
Objet : RE : Réclamation

Bonjour Madame

J'attends toujours, comme nous nous en étions convenus au téléphone du 6 avril, votre virement correspondant à 15 % des honoraires que vous avez reçus au titre des cinq stages que vous avez animés sur les réclamations clients.
Si sous huit jours je n'ai pas reçu de chèque de votre part, je mets définitivement l'affaire dans les mains de mon avocat.
Sincèrement.
Philippe Détrie

De : Animatrice
Envoyé : mardi 1 mai 19:24
À : Philippe Détrie
Objet : Re : Réclamation

Bonjour Monsieur,
J'étais en congés cette semaine, je règle tout cela cette semaine.
Cordialement.
Animatrice

Ce qui fut fait et servit à financer nos recherches sur l'amélioration du traitement de la réclamation !

2 Quelques notions de droit par Pierre Détrie, diplômé du barreau de New York

Lexique[1]

- Action en justice : pouvoir reconnu aux sujets de droit de s'adresser à la justice pour obtenir le respect de leurs droits ou de leurs intérêts légitimes.

- Litige : on parle de litige lorsqu'une personne ne peut obtenir amiablement la reconnaissance d'une prérogative qu'elle croit avoir et envisage de saisir un tribunal pour lui soumettre sa prétention. Le terme, bien que très large, est synonyme de procès.

- Procès : difficulté de fait ou de droit soumise à l'examen d'un juge ou d'un arbitre.

- Obligation : au sens large, lien de droit entre plusieurs personnes en vertu duquel l'une des parties, le créancier peut contraindre l'autre, le débiteur, à exécuter une prestation (donner, faire ou ne pas faire).

- Responsabilité : obligation de réparer le préjudice résultant soit de l'inexécution d'un contrat (responsabilité contractuelle), soit de la violation du devoir général de ne causer aucun dommage à autrui par son fait personnel, ou du fait des choses dont on a la garde, ou du fait des personnes dont on répond (responsabilité du fait d'autrui); lorsque la responsabilité n'est pas contractuelle, elle est dite délictuelle ou quasi délictuelle.

- Préjudice : dommage matériel (perte d'un bien, d'une situation professionnelle...) ou moral (souffrance, atteinte à la considération, au respect de la vie privée) subi par une personne par le fait d'un tiers.

- Dommages et intérêts : somme d'argent compensatoire du dommage subi par une personne en raison de l'inexécution ou de la mauvaise exécution d'une obligation ou d'un devoir juridique par le cocontractant ou un tiers. Lorsque le dommage subi provient du retard de l'exécution, les dommages-intérêts sont dits moratoires.

---

1. Définitions tirées du *Lexique des termes juridiques*, S. Guinchard et G. Montagnier, J. Vincent, R. Guillien, Dalloz, 2001.

- Intérêt (pour agir) : condition de recevabilité de l'action consistant dans l'avantage que procurerait au demandeur la reconnaissance par le juge de la légitimité de sa prétention. Le défaut d'intérêt d'une partie constitue une fin de non-recevoir que le juge peut soulever d'office.

- Prétentions des plaideurs : questions de fait et de droit que les plaideurs soumettent au juge et qui sont fixées, pour le demandeur par l'acte introductif d'instance, pour le défendeur par les conclusions en défense. Formant l'objet du litige, elles délimitent l'étendue de la saisine du juge, ce qui entraîne l'obligation pour la juridiction du premier degré de se prononcer sur tout ce qui est demandé, et seulement sur ce qui est demandé, et l'interdiction pour la juridiction du second degré de statuer sur des demandes nouvelles.

On distingue les juridictions administratives et les juridictions judiciaires.

Ordre administratif

Tribunal administratif

Litiges concernant les contrats de l'Administration, la responsabilité de la puissance publique, les conflits entre usagers et services publics.

Exemples : demande de réparation du dommage causé par un service public, refus d'un permis de construire, contestation des impôts directs, marchés publics, expropriations…

▼

Cour administrative d'appel

▼

Conseil d'État

Ordre judiciaire

Cet ordre comprend les juridictions civiles et les juridictions pénales.

Juridictions civiles	Juridictions pénales	Juridictions spécialisées
– Juge de proximité : litiges inférieurs à 4 000 euros, conflits de voisinage, litiges concernant la consommation – Tribunal d'instance : litiges compris entre 4 000 et 10 000 euros et litiges de crédit à la consommation – Tribunal de grande instance : litiges de plus de 10 000 euros, affaires de divorce, de successions, d'immobilier, de filiation	– Juge de proximité : compétent pour les quatre premières classes de contravention (diffamation non publique, menaces de violence, menaces de dégradations…) – Tribunal de police : contraventions de 5e classe (atteinte à l'état civil, vente forcée par correspondance, atteintes volontaires à l'intégrité de la personne…) – Tribunal correctionnel : délits passibles d'emprisonnement jusqu'à dix ans (vol simple, harcèlement sexuel) – Cour d'assises : infractions les plus graves que sont les crimes passibles d'emprisonnement jusqu'à perpétuité (meurtre, viol, vol à main armée…)	– Tribunal de commerce : litiges entre commerçants et/ou sociétés commerciales. Représentation par un avocat facultative – Conseil de prud'hommes : litiges nés entre salariés et employeurs à l'occasion du contrat de travail. Représentation par un avocat facultative – Tribunal paritaire des baux ruraux

▼

Cour d'appel

▼

Cour de cassation[1]

---

1. La Cour de cassation juge en droit et non en fait. Cela signifie que la qualification des faits appartient aux juridictions des deux premiers degrés et que la Cour de cassation juge seulement de l'application correcte du droit (procédure et application de la loi aux faits).

Réclamation client et procédure judiciaire

Pour qu'une réclamation client se transforme en un conflit judiciaire, c'est que le client exprime plus qu'une simple insatisfaction quant à la prestation fournie; il estime avoir subi un préjudice dans ses relations avec l'entreprise et considère qu'il appartient à cette dernière de le réparer. Soit le client a des raisons légitimes de se plaindre, il faudra alors tenter un règlement extrajudiciaire du litige si l'on veut éviter le procès ou bien affûter ses armes en vue d'un procès; soit le client n'a pas de raisons sérieuses de poursuivre l'entreprise, cette dernière pourra alors lui demander des comptes en engageant une procédure pour abus de droit, défini comme le fait par un titulaire d'un droit de le mettre en œuvre en dehors de sa finalité.

Comment une réclamation client arrive-t-elle au tribunal?

A.Les modes alternatifs de règlement des disputes ont échoué.

1) Échec de la procédure faisant intervenir le médiateur de l'entreprise.

2) Règlement à l'amiable impossible. La loi a mis en place deux institutions destinées à favoriser le règlement extrajudiciaire des litiges :

– le Médiateur de la République, qui est chargé de rechercher une solution amiable aux différends entre les administrés et les services publics (État, collectivités locales, établissements publics ou tout établissement chargé d'une mission de service public). Son intervention est gratuite et doit passer par l'intermédiaire d'un parlementaire. Le délai moyen de traitement des réclamations était en 2001 de neuf mois. En 2006, sur les 6 948 réclamations reçues aux services centraux, le taux de réussite des médiations s'est élevé à 80 %;

– le Conciliateur est institué par la loi du 20 mars 1978 avec pour mission de faciliter le règlement amiable des différends portant sur des droits dont les intéressés ont la libre disposition. En 2004, les conciliateurs ont été saisis 122 713 fois pour un taux de conciliation de 56,6 % des réclamations soumises.

3) Absence de clause compromissoire dans le contrat obligeant les parties à se soumettre à un arbitre. Le recours à l'arbitrage est très prisé des grandes entreprises car sa publicité est bien moindre qu'une procédure juridique; le coût parfois très important des grands tribunaux arbitraux a un effet dissuasif sur la partie adverse et si l'arbitre est saisi, la procédure est moins longue qu'au tribunal.

B.Le client impute à l'entreprise sa responsabilité pour un dommage qui lui a été causé. Plusieurs possibilités :

– la responsabilité contractuelle : le client se plaint d'un préjudice subi à cause de l'inexécution ou de la mauvaise exécution d'un contrat et réclame des dommages et intérêts correspondant à l'intégralité du préjudice subi, hormis les dommages imprévisibles;

– la responsabilité délictuelle : elle comprend la responsabilité du fait personnel, celle du fait d'autrui (un employeur répond du fait de ses salariés) et celle du fait des choses que l'on a sous sa garde (un supermarché est responsable de la boîte de conserve qui tombe de l'étalage sur la tête d'un client);

– la responsabilité pénale : il est reproché à l'entreprise ou à une personne travaillant pour l'entreprise d'avoir commis un délit ou un crime.

Enjeux de la procédure

A)Les frais d'un procès

On distingue les honoraires des dépens et des débours :

– Honoraires : ces frais comprennent les honoraires de l'avocat de la partie, plus, éventuellement, ceux de l'avocat au Conseil d'État ou à la Cour de cassation. On les appelle frais irrépétibles car ils sont toujours à la charge de la partie engageant l'avocat, quelle que soit l'issue du procès. Néanmoins, il est possible de demander au juge de faire supporter au perdant une partie de ces frais. Pour se prononcer, le juge tient compte de l'équité et de la situation économique de l'adversaire.

– Dépens (dont le montant est fixé par la loi) : ils représentent la part des frais engendrés par le procès que le gagnant peut se faire rembourser par le perdant, à moins que le tribunal n'en décide autrement. Ils comprennent les droits de plaidoirie (différents des honoraires), les frais de procédure dus aux avocats et officiers ministériels (avoués, huissiers), les frais d'expertise judiciaire et d'enquête si nécessaires ainsi que les indemnités dues aux témoins.

– Débours : ils correspondent aux dépenses avancées par les professionnels pour les besoins du procès (frais de déplacement, de photocopies, de correspondance…). Ils font partie des dépens, le gagnant a donc une chance de se les faire rembourser.

B)La longueur de la procédure

Autre inconvénient d'un procès hormis son coût : sa durée. Tant que la procédure n'est pas arrivée à son terme, les parties sont dans l'incertitude quant à leurs droits respectifs et à l'issue finale du procès.

La durée de la procédure dépend de la juridiction concernée :

– devant la Cour de cassation en 2004, la durée moyenne des affaires terminées par un arrêt était de 22,3 mois ;

– devant les cours d'appel, la durée moyenne des affaires terminées (fonds et référés) en 2005 était de 14,2 mois ;

– pour les tribunaux de grande instance en 2005 : 6,7 mois ;

– pour les tribunaux de commerce : 5,5 mois.

Les actions de groupe en France

En premier lieu, il faut rappeler qu'il existe déjà en droit français des actions collectives. En effet, les syndicats professionnels puis les associations de consommateurs se sont vu reconnaître le droit d'exercer une action contre une atteinte à l'intérêt collectif des personnes qu'elles représentent. Cependant, dans ce genre d'action, l'éventuelle réparation d'un préjudice va à l'association de consommateurs qui utilise ces dommages et intérêts pour continuer à défendre l'intérêt des consommateurs. La différence fondamentale avec l'action de groupe dont il est question de nos jours est qu'elle permettrait la réparation individuelle du préjudice subi par chaque consommateur concerné. Une action de groupe calquée sur les *class actions* telles qu'elles existent à l'étranger (notamment aux États-Unis, au Québec, en Angleterre, en Suède et au Portugal) permettrait à des consommateurs de réclamer justice pour un préjudice relativement faible, en tout cas trop faible pour les inciter à lancer une action individuelle.

La position de la France n'est pas à ce jour arrêtée, elle hésite entre les deux modèles qui existent aujourd'hui :

• le premier modèle est le modèle américain de l'action de groupe : le juge est saisi au préalable sur la validité de l'action et sur la définition de la classe de plaignants. Si l'action est validée par le juge, alors se tient un procès classique à l'issue duquel le juge peut octroyer des dommages et intérêts à chaque membre de la classe en cas de condamnation du professionnel ;

• le second modèle oblige le juge à trancher d'abord sur la responsabilité du professionnel. Si sa responsabilité est retenue, le juge invite ensuite les victimes à se manifester dans un certain délai et chaque demande de réparation est examinée individuellement.

Les associations et professionnels sont partagés sur le choix du modèle. Le MEDEF est hostile à l'action de groupe qu'il qualifie de « mécanisme juridique étranger totalement extérieur à notre culture juridique ». Son directeur juridique, Joëlle Simon, estime que l'action de groupe est « économiquement néfaste et juridiquement inutile ». Les associations de consommateurs, quant à elles, sont partisanes de l'introduction d'une action de groupe mais partagées entre le premier et le second modèle.

L'avantage du premier modèle réside dans l'efficacité de la procédure puisque dans le second, une demande individuelle de réparation est nécessaire une fois la responsabilité du professionnel établie, ce qui peut contribuer à l'encombrement des tribunaux. Cependant, le premier modèle est susceptible de créer des effets de mauvaise publicité pour les professionnels, leur responsabilité n'étant établie ou pas qu'à la fin d'un procès forcément médiatique. C'est l'avantage du second modèle pour les professionnels, la mauvaise publicité ne se faisant qu'une fois leur responsabilité établie.

On comprend l'hostilité du MEDEF à une telle action de groupe au vu de certains verdicts tombés outre-Atlantique. En effet, on apprend dans un article du *Monde.fr* du 11 novembre 2006 que le laboratoire American Home Products a été condamné en 2000 à verser la somme de 13 milliards de dollars pour avoir commercialisé des coupe-faim soupçonnés d'augmenter les risques d'accidents cardio-vasculaires. La banque Citigroup a versé 2 milliards de dollars aux anciens actionnaires d'Enron. Enfin, en septembre 2006, un juge a reconnu la validité d'une *class action* contre de grands cigarettiers accusés de publicité mensongère à propos de la nocivité des cigarettes *light* et 200 milliards de dollars ont été réclamés à titre de dommages et intérêts !

Les adversaires de l'action de groupe n'hésitent pas à montrer du doigt les dérives de la *class action* à l'américaine et ce, à raison. Certains cabinets d'avocats se spécialisent désormais uniquement dans ces actions de groupe en recherchant les entreprises aux *deep pockets* (« poches profondes ») afin de les contraindre à des règlements juteux. En effet, lorsque la plainte est jugée recevable par un tribunal, dans neuf cas sur dix, les entreprises préfèrent transiger qu'affronter un jury populaire.

Selon Laurence Fassier, avocate du cabinet Jones Day, « les procédures contre l'implant Norplant, dans les années 1990, seraient à l'origine du coup d'arrêt donné à la recherche pharmaceutique en ce domaine aux États-Unis ».

Cela illustre bien la problématique d'une action de groupe : jusqu'où la protection des consommateurs doit-elle aller ? Il est certain qu'une protection trop généreuse peut entraîner des conséquences néfastes.

Hausse du nombre d'affaires nouvelles en 2005 devant la justice civile[1] :

- la Cour de cassation a été saisie de 18 830 affaires nouvelles ;
- les 35 cours d'appel ont reçu 219 494 affaires nouvelles (fonds et référés) ;
- les 181 tribunaux de grande instance connaissent une hausse significative du nombre d'affaires nouvelles pour atteindre le chiffre de 953 447 ;
- les 271 conseils de prud'hommes : 202 658 affaires nouvelles ;
- les 473 tribunaux de commerce ont été saisis de 251 371 affaires.

Ce qui représente uniquement pour la justice civile (sans parler de justice pénale) plus de 2,6 millions d'actions nouvelles, en hausse chaque année. Quel splendide fonds de commerce pour des spécialistes du conflit ! La réclamation assurément a de beaux jours devant elle...

---

1. Source : *Annuaire statistique de la Justice 2006*, ministère de la Justice.

3 Étude «Insatisfactions, silence et abandon...»

1. Introduction

1.1 Contexte

Le Mouvement Français pour la Qualité (MFQ) a lancé en juin 1997 un appel à communications pour la Convention Européenne de la Qualité qu'il organisait en octobre 1998 à Paris.

Philippe Détrie, directeur d'INergie cabinet de conseil en management, et Christian Barbaray, directeur d'INit Satisfaction cabinet d'études marketing, ont proposé au MFQ de mener une étude dans le domaine de l'état de l'art sur le thème suivant : Quels sont les enjeux liés à la non-expression de l'insatisfaction des clients en *business-to-business* ?

1.2 Postulat

En règle générale, la plupart des défections des clients et la rupture proviennent d'une accumulation de petites insatisfactions et d'un effet de lassitude qui profite à la concurrence, plus que d'une insatisfaction majeure.

Ces petites insatisfactions sont bien souvent ignorées des dirigeants, leur absence de gravité ne nécessitant pas le recours au service réclamation, les clients n'ayant pas par ailleurs l'envie de prendre la parole sur ces sujets bénins.

De ce fait, la défection de cette clientèle silencieuse passe le plus souvent inaperçue, l'arrivée de nouveaux clients et le développement d'activités avec d'autres compensant le chiffre perdu.

1.3 Constats

Les dirigeants d'entreprise les plus avisés savent que :

• le service réclamation ne traite que la partie émergée de l'iceberg des insatisfactions;
• la plupart des études de satisfaction montrent l'existence de trois types de clients :
  – une minorité de clients fortement insatisfaits : de 0 à 10 % ;
  – une majorité de clients normalement satisfaits : de 70 à 90 % ;
  – une minorité de clients extrêmement satisfaits : de 10 à 20 %.

De ce fait, le problème consiste à mieux analyser l'intensité de la relation de la majorité des clients normalement satisfaits et le niveau de fidélité qui en découle.

La fidélité de la clientèle couvre en fait deux réalités :

- soit une inertie liée à plusieurs phénomènes :
  - l'habitude d'achat (on s'approvisionne toujours chez eux…);
  - le fatalisme (c'est partout pareil…);
  - le défaitisme (c'est pire ailleurs…);
  - le niveau de prix concurrentiel (ils ne sont pas trop chers…);
- soit une réelle implication liée à la reconnaissance de la qualité de l'offre.

Les études de satisfaction arrivent assez souvent à isoler ces différents types d'attitudes et les enjeux qui leur sont liés.

Il n'existe, en revanche, pas encore d'élément d'analyse et d'étude sur :

- le moment qui sépare cette insatisfaction latente de la rupture qui en découle;
- les éléments qui contribuent à alimenter cette insatisfaction latente;
- les facteurs qui influencent le plus le silence ou la prise de parole des clients en cas d'insatisfaction.

2. Méthodologie

Pour permettre de répondre à ces questions, cinq entreprises ont accepté de participer à ces travaux de recherche appliquée :

- Air Liquide
- Crédit Mutuel Loire-Atlantique
- L'Oréal
- Manutan
- Sita

Nous avons procédé de la façon suivante :

- phase qualitative avec 70 de leurs clients : 70 entretiens semi-directifs réalisés par téléphone et en face-à-face réalisés en février-mars 1998;
- phase quantitative auprès de 700 de leurs clients : 700 interviews téléphoniques réalisés en mai-juin 1998.

Les résultats de l'enquête comprennent deux parties :

- une partie «publique» qui est l'objet de la présente publication;

- une partie «privée» qui concerne les résultats de chaque entreprise commanditaire et les conséquences de la non-expression des insatisfactions de leurs clients.

Les enseignements de cette étude sont orientés *business-to-business* et correspondent aux relations d'entreprise à entreprise.

3. Enseignement

3.1 Ce qui crée de la satisfaction/de l'insatisfaction

Les clients puisent leur fidélité/infidélité dans trois domaines :

1. La qualité des produits de l'entreprise (ou des prestations si le produit est un service).

2. La qualité des cinq services associés :

- commercial;

- logistique;

- technique;

- administratif;

- SAV.

3. La qualité de la relation entretenue avec les collaborateurs de l'entreprise.

Le prix n'est pas dans la qualité. Le prix n'est que la valeur d'échange avec les trois domaines précédents. C'est l'équilibre entre le niveau de prix et le niveau de qualité de ces trois domaines qui crée le rapport qualité/prix.

- Lorsque le rapport qualité/prix est favorable, les clients sont satisfaits.

- Lorsque ce rapport est défavorable, les clients sont insatisfaits.

- Lorsqu'ils sont insatisfaits, l'expriment-ils ?

3.2 Prise de parole

À l'analyse, plusieurs domaines peuvent être repérés :

- ce qui est dit : tout ce qui est rationnel, techniquement exprimable, quantifiable ou mesurable.

Le prix (élément mesurable) se heurte parfois au paradoxe de l'absence d'éléments techniques détaillés permettant une prise de parole. On constate parfois une reconnaissance de silence sur ce sujet : « je n'ai pas compris leur nouvelle offre de prix, je n'ai rien dit et j'ai préféré acheter ailleurs... », « leur prix, on n'y comprend rien, c'est un total sans aucun détail ! ».

- ce qui n'est pas dit : tout ce qui est lié au relationnel, à l'affectif, à l'humain ou pouvant nuire à un tiers.

On préfère changer de fournisseur plutôt que de risquer de causer du tort à un individu... (ceci est vrai tant pour les salariés de l'entreprise que les sous-traitants extérieurs).

Également parmi le non-dit : toutes les petites imperfections qui ne sont jamais sujettes à prise de parole, mais qui laissent une désagréable impression de mauvais fonctionnement (erreur sur le bon de livraison – erreur sur une commande). Ces points sont très rarement exprimés comme des insatisfactions mais finissent, en s'accumulant, par dégrader la confiance et l'image de sérieux de l'entreprise.

Ces petites imperfections apparaissent pleinement lors d'un problème grave (retard ou erreur) et deviennent alors des éléments objectifs de rupture avec le fournisseur.

Ainsi le pourcentage de clients qui déclarent prendre la parole en cas de problème est le suivant :

- 99 % lors d'un problème sur la qualité d'un produit/service ;
- 98 % lors d'un litige mal résolu ;
- 90 % pour un retard (livraison/traitement d'un dossier) ;
- 92 % lorsque le prix de vente est différent de celui fait à une autre entreprise/client.

Lorsque l'insatisfaction peut nuire à un tiers, le taux de prise de parole est légèrement plus faible :

- 72 % lorsqu'il s'agit d'un problème relationnel avec un commercial.

Ainsi lors d'un problème relationnel avec un commercial, 10 % de vos clients vous quittent sans rien dire...

3.3 Auprès de qui s'exprime-t-on ?

En *business-to-business*, lorsque les clients sont confrontés à un problème important, ils choisissent de s'exprimer en priorité auprès des interlocuteurs suivants :

- 80 % aux commerciaux;
- 47 % au service prise de commande/agence;
- 42 % au service client/qualité/réclamation;

Et en dernier recours :

- 31 % à la direction de l'entreprise.

La direction ne reçoit les doléances que d'un client sur trois, alors que les commerciaux entendent 80 % des plaintes clients!

Ceci fait donc apparaître deux types de réclamations :

- invisibles, environ 60 % : réclamations émises auprès des commerciaux terrain ou du service commercial du siège;
- visibles, environ 40 % : réclamations enregistrées auprès du service clients et de la direction.

Les réflexions possibles au vu de ces résultats sont :

- votre organisation sait-elle faire remonter les réclamations « invisibles » ?
- avez-vous donné à vos commerciaux le moyen de faire remonter les réclamations terrain ?

3.4 Pourquoi les clients ne s'expriment-ils pas?

Les raisons du silence des clients sont multiples et trouvent leurs sources dans trois domaines :

- le marché sur lequel vous évoluez;
- le statut (social et professionnel) de vos clients;
- vous, en tant que fournisseur (et votre organisation).

De manière plus fine, nous avons identifié 22 critères qui influencent la prise de parole ou le silence des clients en cas d'insatisfaction. Ces 22 critères sont interdépendants et agissent en s'additionnant ou en s'annulant.

Cette liste permet de mieux comprendre les influences et les conflits entre critères dans la prise de parole ou le silence des clients.

Nous avons développé un logiciel d'auto-évaluation qui permet, en fonction des réponses données à chacun des 22 critères, de connaître immédiatement le taux de prise de parole des différents segments de clientèle.

Silence	Critère	Prise de parole
Peu impliquant	Produit/service	Fortement impliquant
Individuelle	Décision d'achat	Collective
Nul	Coût du changement	Fort
Forte	Concurrence	Faible
Client plus petit que le fournisseur	Rapport de taille	Client plus grand que le fournisseur
Faible	Notoriété	Forte
Faible	Culture d'écoute du fournisseur	Forte
Faible	Transparence des prix	Forte
Faible	Culture technique du client	Forte
Faible	Niveau social du client	Fort
Via des sous-traitants	Relation client	En direct
Faible	Image de marque	Forte
Faible	Coût de vos prestations	Fort
Discrets/appels d'offres	Prix	Publics/tarifs catalogue
Faible (VPC)	Proximité de consommation	Forte
Faible	Votre marché à une démarche qualité	Forte
En dehors de votre métier de base	Produit/service	Dans votre métier de base
Attention faible	Vos services annexes	Attention forte
Consommateur	Statut client	Distributeur
Faible	Niveau social de vos clients	Fort
Faible (indépendants)	Liaison entre clients	Forte (franchisés, réseau)
Faible	Durée de consommation/ utilisation	Longue

3.5 Quels sont les critères les plus sensibles dans l'abandon?

Le risque de perte de clientèle est différent selon les critères qui sont à la source de l'insatisfaction et selon la fréquence de répétition de ces incidents.

On distingue trois types de critères :

1. La première erreur est éliminatoire…

Exemple : un litige mal résolu : 61 % des clients envisagent de changer de fournisseur au premier litige mal résolu. Le second litige de nouveau mal résolu est bien évidemment inacceptable pour 96 % des clients.

2. Seule l'accumulation est grave…

Exemple 1 : un problème de qualité (produit/service) : 43 % des clients deviennent négatifs au premier problème de ce type et l'accumulation engendre 51 % de clients négatifs supplémentaires.

Exemple 2 : un problème de retard (livraison/réponse) : 23 % des clients envisagent de changer de fournisseur au premier problème grave de ce type et 63 % les rejoignent en cas d'accumulation!

3. L'accumulation a moins de conséquences

Exemple : un problème relationnel important avec un commercial : 35 % des clients ont envie de changer de fournisseur au premier incident de type relationnel, et l'accumulation amène ce score à 77 %.

Envie de changer de fournisseur			
Critère	Première fois	Plusieurs fois	Écart
Litige mal résolu	61 %	96 %	35 %
Problème de qualité sur un produit/service	43 %	94 %	51 %
Problème relationnel avec un commercial	35 %	77 %	42 %
Retard (livraison/traitement)	23 %	86 %	63 %

3.6 Les entreprises sont-elles réellement sensibles à la satisfaction de leurs clients?

Les clients interviewés pensent que le discours des entreprises sur la qualité et la satisfaction, «ce n'est que du discours!». En effet :

• 81 % pensent que la recherche de la satisfaction n'est pas la priorité des entreprises françaises;

- 74 % pensent que les commerciaux ne font pas remonter les reproches que l'on peut faire aux entreprises;

- 61 % pensent que les sociétés françaises ne sont pas organisées pour prendre en compte les reproches de leurs clients;

- 47 % déclarent que la France est en retard par rapport aux autres pays dans l'écoute des besoins des clients.

3.7 La position des entreprises par rapport aux concurrents

À partir de l'échantillon des 700 clients des cinq entreprises commanditaires, on peut remarquer les principales sources d'insatisfaction vis-à-vis des fournisseurs.

Critère (Réponse : « Moins bon que leurs concurrents »).

Critère	Prix	Relation	Services	Produits
Le niveau des prix.........................20 %	X			
La qualité d'écoute...............…..…15 %		X		
Le rapport qualité/prix..............15 %	X			
La qualité de la relation............…14 %		X		
La compétence du personnel........11 %		X		
La disponibilité du personnel........11 %		X		
La rapidité de livraison..............…11 %			X	
La qualité de livraison...............10 %			X	
La qualité des produits/services.......5 %				X
La performance des produits.........0 %				X

Au vu de ces chiffres, on peut faire les remarques suivantes :

- le prix reste un critère « inassouvi » et 20 % de mécontents semblent être la norme ! Il faut cependant temporiser cette affirmation, car si le facteur prix est bien un critère « d'achat », ce n'est pas un critère « d'usage »...

- les critères «relationnels» restent forts dans les insatisfactions exprimées avec 1 client sur 7 qui reste insatisfait sur ce thème...

- les critères liés aux produits ne présentent quasiment aucun déficit de satisfaction. L'aspect physique des produits, les contrôles qualité et la recherche de performance interne sur ce sujet permettent de garantir une satisfaction optimale sur ce point...

❷ Point clé

Il est plus facile d'agir sur ce que l'entreprise produit que sur ce que le client consomme !

Notons que cette étude a été réalisée pour le compte de cinq grandes entreprises ayant toutes une démarche Qualité, certifiées pour la plupart, et plus attentives que la moyenne des entreprises françaises à la qualité de leurs produits et de leurs services...

3.8 Les conséquences des insatisfactions

Face aux conséquences des insatisfactions, on voit apparaître clairement quatre types de comportements :

- 22 % des clients déclarent que leur insatisfaction n'a en fait pas de conséquence car «tous les fournisseurs se valent». Les entreprises bénéficient donc d'un défaitisme naturel et d'un effet d'inertie que l'on qualifie parfois un peu rapidement de fidélité...

- pour les 78 % de clients «réactifs», les insatisfactions aboutissent à trois types de comportements :

  - 46 % répartissent leurs commandes entre plusieurs fournisseurs. On remarque que la part d'activités «inamovibles» est très liée au caractère incontournable des marques ou des produits achetés...

  - 26 % maintiennent des relations «négatives» et envisagent sérieusement de changer de fournisseur à moyen terme. Dans ce cas, chaque nouvel incident devient un élément de rupture «objectif» ;

  - 8 % ont cessé de travailler avec les fournisseurs qui ne leur donnaient pas entière satisfaction.

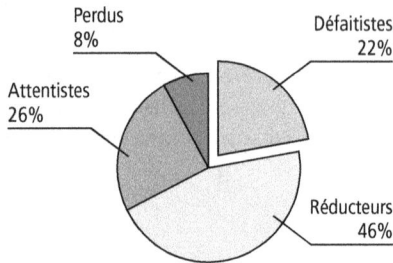

Le poids des groupes de clients varie entre les différentes entreprises par rapport à deux thèmes :

• l'image de marque des entreprises et le caractère « incontournable » de certaines marques qui, dans ce cas, rendent la plupart des clients insatisfaits réducteurs : on se contente de travailler au minimum avec une marque dont on ne peut pas se passer...

• la qualité du relationnel entretenu qui, dans ce cas, gonfle le poids des attentistes. Cet équilibre fragile peut durer tant que la qualité du relationnel compense la moins bonne qualité des prestations...

4. Conclusions et recommandations

4.1 Conclusions

Le phénomène de silence ou de prise de parole des clients est pour une bonne part alimenté par les entreprises elles-mêmes...

L'ombre portée par l'organisation, l'arrogance de certaines entreprises leaders, le rapport de force client/fournisseur – dominé/dominant sont autant d'éléments qui obligent les clients à se taire...

Dans ce cas, le chemin le plus court vers la satisfaction passe par la route du concurrent.

Il existe un immense gisement de productivité dans la recherche de l'expression des insatisfactions des clients, car une réclamation est une preuve de confiance d'un client. C'est l'opportunité de faire bien la deuxième fois.

L'absence de réclamation n'est pas la preuve du succès d'une entreprise, c'est peut-être la preuve de son incapacité à donner la parole à ses clients et à les écouter, donc à s'améliorer !

Il existe un véritable chantier dans le développement de la culture d'écoute des entreprises. Tous les clients qui ont été écoutés et entendus deviennent souvent les plus ardents défenseurs de leurs fournisseurs.

Transformer ses clients en avocats pour résister à la pression de la concurrence passe par l'instauration de nouvelles relations avec ses clients. Cela passe avant tout par l'échange, le dialogue et la qualité première : la qualité d'écoute.

Il ne peut y avoir d'ambition qualité sans volonté d'écoute !

4.2 Recommandations

- Donnez le maximum d'éléments et d'informations à vos clients pour leur permettre de prendre la parole, y compris sur vos prix !

- Contrôlez la qualité de vos commerciaux et de vos interlocuteurs en contact avec vos clients !

- Considérez vos commerciaux comme les représentants de vos clients et pas uniquement comme ceux de votre entreprise !

- Vos clients sont-ils persuadés que la recherche de leur satisfaction est votre priorité ? Dans ce cas, donnez-leur les moyens d'exprimer leurs insatisfactions !

Bibliographie

AFNOR, *Management de la qualité – Satisfaction des clients – Lignes directrices pour le traitement des réclamations dans les organismes*, ISO 10002:2004.

AFNOR, *Centre de relation et accueil client*, 2003.

AMARC, *Cartographie des Services Réclamations Clients en France*, 2006

Barlow Janelle, Moller Claus, *A complaint is a gift : Using customer feedback as a strategic tool*, Berret-Koehler, USA, 1996.

Boisdevésy Jean-Claude, *Le marketing relationnel*, Éditions d'Organisation, 2001.

Chétochine Georges, *Le blues du consommateur*, Éditions d'Organisation, 2005.

Detœuf Auguste, *Propos de O. L. Barenton confiseur*, Éditions d'Organisation, 1986.

Détrie Philippe, *Conduire une démarche qualité*, Éditions d'Organisation, 2006.

Excousseau Jean-Luc, *La mosaïque des générations*, Éditions d'Organisation, 2000.

Hababou Ralph, *Service gagnant*, First Editions, 2007.

Hermel Laurent, *Stratégie de gestion des réclamations clients*, AFNOR, 2003.

Ipsos, *France 2006, société sans mercis*, 2006.

Lehu Jean-Marc, *La fidélisation client*, Éditions d'Organisation, 1999.

Moiroud Roger, *Le cri du client*, Éditions d'Organisation, 2006.

Müller Verlag Norbert, *La gestion des réclamations*, Éditions Pratique, 1997. Titre original : *So machen Sie aus Kundenbeschwerden Aufträge*.

Oudart Anne-Catherine, *Les chargé(e)s de relation clientèle face à la lettre de réclamation*, Presses Universitaires du Septentrion, 2001.

Reichheld Frederick, *L'effet loyauté*, Dunod, 1999.

Index

www.ingramcontent.com/pod-product-compliance
Lightning Source LLC
Chambersburg PA
CBHW061152220326
41599CB00025B/4459